网店美工设计

WANGDIAN MEIGONG SHEJI

主　编　罗忠诚
副主编　谢颖颖　申瑀琴　贾岩亮
参　编　陈　庆　钮昕如　王　盈

电子科技大学出版社
University of Electronic Science and Technology of China Press
·成都·

图书在版编目（CIP）数据

网店美工设计 / 罗忠诚主编. — 成都 ：电子科技大学出版社, 2022.8
ISBN 978-7-5647-9696-9

I. ①网… II. ①罗… III. ①图像处理软件－高等职业教育－教材 IV. ①TP391.413

中国版本图书馆 CIP 数据核字(2022) 第 084989 号

网店美工设计
WANGDIAN MEIGONG SHEJI
罗忠诚　主编

策划编辑　谢晓辉　韩　昊
责任编辑　韩　昊

出版发行　电子科技大学出版社
　　　　　成都市一环路东一段 159 号电子信息产业大厦九楼　邮编 610051
主　　页　www.uestcp.com.cn
服务电话　028-83203399
邮购电话　028-83201495

印　　刷　四川煤田地质制图印刷厂
成品尺寸　185 mm×260 mm
印　　张　14
字　　数　281 千字
版　　次　2022 年 8 月第 1 版
印　　次　2022 年 8 月第 1 次印刷
书　　号　ISBN 978-7-5647-9696-9
定　　价　65.00 元

前　言

电子商务迅速发展的今天,数以千万计的网店在各大电商平台呈现。如何让网店在众多网店中脱颖而出呢? 网店美工设计就是一个避不开且非常重要的因素。只有符合产品和消费者人群定位,符合美学审美的网店才能吸引客人。经过装修设计的网店,可以起到品牌识别和品牌塑造的作用,能够加深消费者对网店的第一印象,吸引消费者的目光,提高网店的支付转化率。

本书内容设计

本书的内容安排采用"行动领域"决定"学习领域"的思路,在与电商企业共同研究的基础上,从网店美工设计工作任务出发,对标网店美工设计岗位需求,结合高职院校学生特点、课程性质和作用,基于企业工作任务,拆解工作内容,以工作任务为驱动,整合教学内容,形成从易到难的 8 个项目模块、27 个任务单元,使读者对网店美工有全面的认识与了解。

本书编写特色

在线云课、多维助学:本书以网店美工设计的案例为主导,将教材实操关键内容制成在线开放课程,读者通过在线云课程平台可以实现课前导学、课中促学、课后助学,让读者掌握网店美工设计基础技能。

案例导入、重在实践:本书案例以网店美工设计中的工作任务为出发点进行编制,使用当下主流的网店美工设计软计 Photoshop CC 2019 为操作平台,从基础操作出发,并配以理论讲授,让读者在能够实操的基础上知其然,知其所以然。

本书由贵阳职业技术学院网店美工设计课程教学团队教师共同完成。尽管在编写的过程中力求准确和完善,但由于编者水平有限,本书难免存在疏漏或不足之处,敬请广大读者斧正,促进教材不断完善,更好地为读者服务。

编　者

2022 年 7 月

目　录

模块1

网店美工设计认知

模块介绍

本模块主要介绍网店美工设计的岗位职责与工作任务；网店美工设计的素材准备、创意文案、色彩搭配和版式布局四大工作要领；网店美工设计的图像、像素、分辨率、颜色模式、文件格式等基础概念；网店美工设计 Photoshop 软件及企业介绍等。通过本模块的学习，读者可以了解网店美工设计岗位的基础知识、网店美工设计的基础概念，以及 Adobe 企业概况，并熟悉 Photoshop 软件的工作界面等。

学习目标

知识目标

- 了解网店美工设计岗位的工作职责与工作任务；
- 掌握网店美工设计的工作要领；
- 理解网店美工设计涉及的图像基础概念；
- 了解 Photoshop 软件企业的概要。

技能目标

- 掌握 Photoshop 软件的工作界面设置；
- 熟悉 Photoshop 软件的快捷键。

素养目标

- 树立爱岗敬业意识；
- 树立企业文化意识；
- 培养敬业精神。

1.1 网店美工设计岗位认知

优秀的网店美工设计能够为网店起到品牌识别与塑造的作用，能够加深消费者对网店的第一印象，从而吸引消费者的目光，能够很大程度提升网店的支付转化率，从而提高店铺的销售额。

扫码观看视频

1.1.1 网店美工设计岗位职责

通过对各人事招聘网站的网店美工设计岗位查询，网店美工设计的岗位职责在不同企业各不相同，通过对比，即能发现很多共性的岗位职责。

1. 负责网络店铺、网站的美工设计和图片处理，对网店商品有一定的敏感度，能够配合运营团队实现用简洁的文案表达产品的卖点，并独立完成设计；

2. 熟悉网页焦点理论，对网页布局有丰富经验；对色彩敏感，能处理各种视觉冲突，有良好的审美观；

3. 负责店铺商品的设计和美化，包括商品的拍照、校色以及主图、详情页面的设计和制作，商品展示的海报设计，根据企业商品的上架情况和促销信息自主设计制作推广图片，日常商品的维护、调整、美化；

4. 站在消费者角度去思考，研究消费者的浏览习惯和点击需求，提高店铺设计的可用性，优化设计。

1.1.2 网店美工设计任职要求

网店美工设计岗位任职要求在不同企业要求不同，通过对比梳理，主要体现在以下几个方面。

1. 网店美工设计岗位在学历上没有过多要求，一般中专以上即可，需熟悉网店或专业网店装修设计，在电商企业担任过产品、页面设计者；有良好的网页及平面设计能力、丰富的网站制作经验等；

2. 精通美工软件 Photoshop、Illustrator、Corel Draw 等；有一定的美术功底及平面设计水平；从事新媒体电商的企业，还会要求精通 Premiere 软件；

3. 富有创意，有出色的设计语言表达能力以及良好的沟通协调能力；

4. 能够持续接受工作压力和挑战，工作态度端正，耐心，细致。

1.2　网店美工设计工作要领

网店美工设计是在商品定位和店铺定位的基础上，基于一定的美学原理，对网店商品和店铺进行功能布局以及视觉布局的过程。一个好的网店美工设计，可以为消费者提供良好的视觉感受和体验，能够延长消费者在网店的停留时间，提升店铺权重和转化率，甚至还有利于树立店铺的品牌形象。那什么才是一个好的网店设计呢？通过对比电商平台中销售额较高的商品店铺装修设计可以发现，在网店美工设计中有两个工作要领是引起买家兴趣和购买欲望的关键，即功能设计与视觉设计。功能设计主要体现在网店的分类导航、模块规划等方面；视觉设计主要体现在配色、商品排版布局和文字等方面。也就是说，在网店美工设计过程中，只有抓住这两大工作要领，才能在众多的竞争对手中脱颖而出，吸引买家点击浏览并下单购买。

扫码观看视频

1.2.1　网店功能设计

一个好的网店装修设计，首先应该做到合理的功能布局。在电子商务竞争日趋白热化的今天，越来越多的消费者会受店铺装修影响，因而，越来越多的卖家也重视网店美工设计。但是，依旧还有很多卖家因缺乏专业的知识和技能，对网店的美工设计仅仅停留在素材上，东拼西凑，看到喜欢的素材就往网店首页放，导致网店设计极其不专业，杂乱无章。网店美工并不是简单地美化，而是要做好全局规划，从各种功能元素入手，打造网店的整体形象。合理的功能设计才能指引整个网店的营销，做到有的放矢。

1.整体布局：在给网店进行布局的时候，一定要以网店商品定位和网店定位为中心，统一风格，突出店铺主题、公告提醒、促销信息、风格体现等。

2.店招：店招是店铺招牌的简称，是店铺品牌的宣告，通过店招可以让消费者快速了解店铺的主营产品类目等。店招的设计建议采取简明扼要的广告语和企业标识，提高消费者对店铺的认知度。

3.首页导航：首页导航一般有三种类型：第一种是根据店铺的主营产品（如男鞋、女鞋等）在导航上分类，第二种是根据购物规则或购物流程等（如尺码、颜色等）在导航上分类，第三种是根据产品规划（如特价、新品、热销的产品等）在导航上分类。首页导航不仅可以减少沟通，引导购物，还可以提升网店的展现权重，可见首页导航的布局非常重要。

4. 店铺公告：店铺公告是非常重要的模块之一，好的店铺公告，可以调动消费者的消费情绪。店铺公告可以是风格体现、单品展现、店铺宣传，也可以是广告信息或促销信息，合理的店铺公告布局有利于抓住消费者的眼球。

5. 商品分类：商品分类是为了方便消费者进行查找，但商品分类不是越多越好，而是要突出重点。在进行商品分类时，要考虑到消费者的搜索习惯，如新品和特价促销商品的分类尽量放在靠前的位置。商品分类的方式可自主选择、自由搭配，如一级分类按照属性划分，二级分类按照产品风格划分。此外，要避免出现没有商品分类，要做到清晰明了，一目了然。

6. 自定义设计：自定义区可以添加品牌介绍、物流介绍、邮费介绍、售后说明、促销信息、活动资讯等。合理的网店自定义设置，能够减少客服的工作量，提高工作效率。宣传店铺品牌、成长历史、店主故事等，能够让消费者认可店铺。如图 1－1 所示。

图 1－1　网店功能设计示例

上述提供的只是一个网店功能设计的基础思路，更多详细的规划要按照所开放的网店情况而定。但不管怎样的功能设计，首先应考虑的是能否让消费者简单便捷地寻找自己所需的产品，能否吸引买家留下来购买等。

1.2.2　网店视觉设计

网店视觉设计，与网店功能设计同等重要，直接关系到网店形象的塑造、消费者眼球的吸引、转化率的提升等方面。那什么样的视觉设计才是理想的呢?

在网店美工设计中，色彩是一种非常重要的视觉表达元素，它能够烘托网店的营销氛围，同时影响着消费者对商品风格与形象的判断。只有合理的色彩搭配，才能设计出符合消费者购物需求的视觉效果。做好色彩搭配，需要从以下几个方面入手，掌握基础的色彩理论知识。

①色彩的原则

大家都知道，太阳光是由赤、橙、黄、绿、青、蓝、紫七种颜色的光组成的。在阳光的作用下，大自然中的色彩变化是丰富多彩的，人们在这丰富的色彩变化当中，逐渐认识和了解颜色之间的相互关系，并根据它们各自的性质和特点，总结出色彩的变化规律，并把颜色概括为:原色、二次色和三次色三大类，如图1－2所示。

原色:又称“三原色”，即红色、黄色、蓝色。所有的颜色都是通过三原色的交叉和均匀混合调配出来的。但在屏幕上显示的三原色通常为红色、绿色和蓝色，就是通常所说的RGB。

二次色:又称“间色”，是由三原色中的任意两种颜色取等量互相调和产生的颜色(橙、绿、紫)，即红＋黄＝橙、黄＋蓝＝绿以及蓝＋红＝紫。

三次色:又称“复色”，顾名思义就是色彩的第三次调配，在色彩中通常是原色与间色混合的结果。复色有红橙、黄橙、黄绿、蓝绿、蓝紫、红紫。复色的色彩变化非常丰富，包括了原色和间色之外的所有颜色。

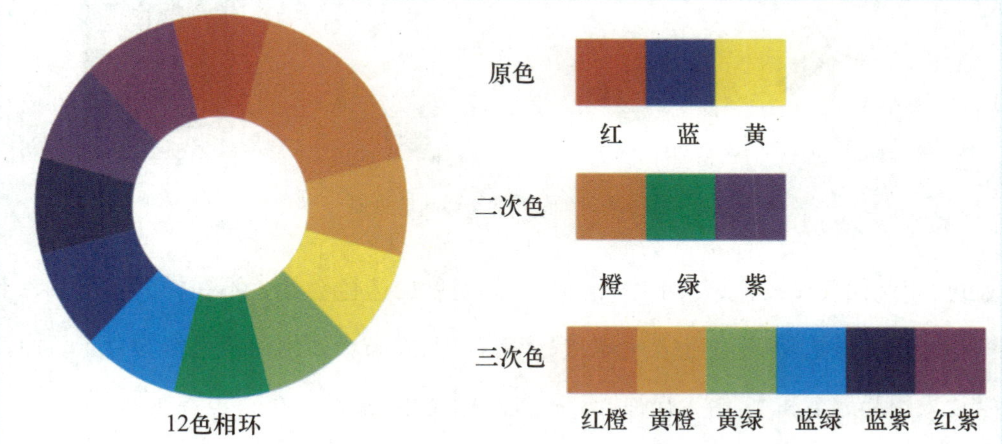

图1－2　12色相环

②色彩的意义

红色:红色会让人联想到喜庆、热闹的场景。春节、节日、宴会一般会用红色色调来营造热闹、欢乐的气氛。喜庆节日的礼物通常都是用红色或粉红色的包装。红色也表示危险、禁止,在很多标识中也常常运用红色。

橙色:橙色相对于红色来说对比没有那么强烈,橙色代表温暖、夏日和活力,能够营造出温馨美满的气氛,橙色可以与一些健康产品搭上关系。

黄色:黄色很容易让人联想到太阳和温暖。黄色还容易给人带来口渴的感觉,因此在卖饮料的地方会看到黄色的装饰。黄色与蓝色搭配起来十分引人关注,许多国家的出租车都选用的这种配色。

绿色:绿色代表希望、生命、活力、环保、自然。很多健康类的产品都采用了这种配色,给人一种自然、无公害的印象。绿色如果搭配上蓝色,通常会给人健康、清洁、干净和自然的感觉,如图 1－3 所示。

图 1－3　某环境公司网站页面

蓝色:蓝色代表科技、凉爽、干净、清洁,不同明度的蓝色会给人不一样的感受。深蓝色给人一种悲伤的感觉,深蓝色还表示庄重、严肃,新闻发布会多用深蓝色作为背景。而浅蓝色通常让人想起天空和水,给人提神、清凉、自由、平静的感觉。

紫色:紫色让人不禁想起皇室成员的长袍。紫色可以更多地与浪漫、亲密、柔软舒适的质感产生联系。紫色会给人一种奢华的感觉,也有一种神秘感。如图 1－4 所示。

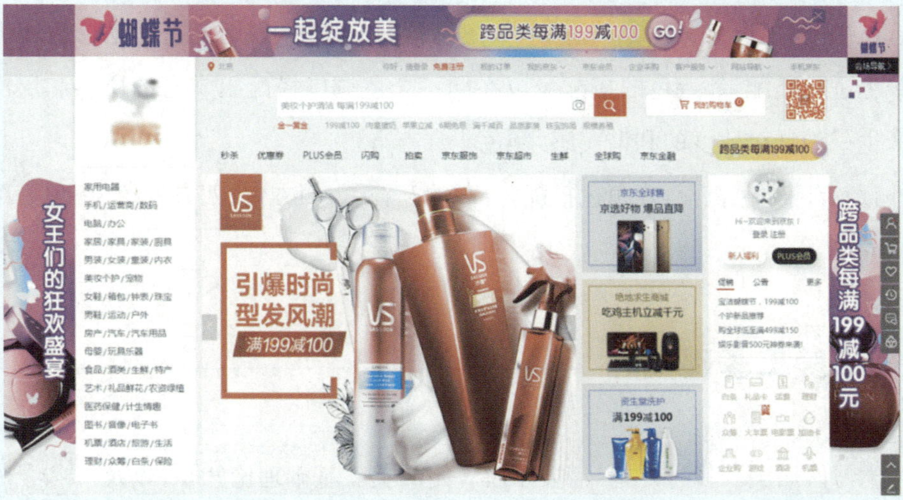

图 1－4　某电商平台蝴蝶节官网页面

白色:白色通常跟医院联系在一起,因为医生们都是穿白大褂的。白色也代表圣洁,在爱情中白色代表纯洁。白色通常给人很干净的感觉,心理健康相关的事物也可以选用白色,白色也同样适用于卫生、清洁相关的设计。

黑色:黑色通常与黑暗和未知联系在一起,会给人焦虑的感觉。黑色很多时候也代表了科技感。黑色也是一种万能色,当黑色搭配其他的颜色,会碰撞出不一样的意义。比如黑色碰上金色,会给人一种奢华的感觉,如图 1－5 所示。

图 1－5　CPU 处理器示意图

③色彩搭配

互补色搭配:互补色指的是在色相环上相隔 180°角的两种颜色,比如红色和绿色,蓝色和橙色,黄色和紫色,这些颜色的搭配具有强烈的对比效果。互补色在设计中要达到较好的效果，需要其中一种颜色面积比较小，另一种颜色的面积比较大，才能突出主体。

邻近色搭配：邻近色又称为“近似色”，在色彩搭配当中，邻近色搭配是指色相环上相邻的三个颜色进行搭配，邻近色的搭配可以在同一个色调中搭配出丰富的质感和层次。这种搭配能产生一种低对比度的和谐美感，颜色非常丰富。

另外，还有同类色搭配，三角色搭配，分散的互补色、四方色、四方补色、单色搭配等配色方法。

1.3 网店美工基础概念

在学习网店美工设计之前，需要了解一定的美工基础理论知识，以及图像的一些基本概念。如位图与矢量图、像素与分辨率、图像的颜色模式、图像的文件格式等，这是学习网店美工设计的基础。

扫码观看视频

1.3.1 位图与矢量图

①位图

位图又称“点阵图”“栅格图”或“像素图”，是由多个像素（图片元素）的单个点组成的图像。这些点可以进行不同的排列和染色以构成图样。当放大位图时，可以看见赖以构成整个图像的若干单个方块。一张位图的像素越多，包含的信息量就越大，文件就越大，图像的品质也就越好，如图 1－6 所示。

放大前　　放大后

图 1－6　位图放大前后对比

②矢量图

矢量图，也称为面向对象的图像或绘图图像，在数学上定义为一系列由线连接的点。矢量图是根据几何特性来绘制的图形，矢量可以是一个点或一条线，矢量图只能靠软件生成，文件占用内存空间较小，因为这种类型的图像文件包含独立的分离图像，可以自由无限制地重新组合。它的特点是放大后图像不会失真，和分辨率无关，适用于图形设计、文字设计和一些标志设计、版式设计等，如图 1－7 所示。

图 1－7 矢量图放大前后对比

③位图与矢量图的区别

(1)特点不同

位图的特点是可以表现色彩的变化和颜色的细微过渡，产生逼真的效果，缺点是图片放大会失真。矢量图放大后图像不会失真，和分辨率无关。

(2)绘图工具不同

位图使用 Photoshop、Painter 和 Windows 系统自带的画图工具等绘图工具制图。

矢量图是使用 Adobe Illustrator、CorelDRAW 等绘图工具制图。

1.3.2 像素与分辨率

①像素

像素(px)是构成位图的基本单位，位图由若干个像素组成。位图放大后呈现出的每一个小方格，就称之为像素。这些小方格都有一个明确的位置和被分配的色彩数值，小方格的颜色和位置就决定该位图所呈现出来的样子。像素可以视为整个位图中不可分割的单位或是元素。

②分辨率

分辨率(resolution)是数码影像中的一个重要概念，它是指在单位面积内的像素的数量。PPI(pixels per inch)也叫像素密度，表示每英寸所拥有的像素数量，简称图像分辨率，是图像分辨率的单位。PPI 的数值越高，代表显示屏能够以越高的密度显示图像，拟真度就越高，画面的细节就会越丰富。DPI(Dots Per Inch)也叫每英寸点数，是输出分辨率，是打印机、鼠标等设备分辨率的单位。每英寸所能打印的点数，即打印精度。一般来说，DPI 值越高，表明打印机的打印精度越高。意思是"每英寸可打印的油墨的点数"。同一台设备上，图片分辨率越高，这张图片 1∶1 显示时，图片面积越大；图片分辨率越低，这张图片 1∶1 显示时，图片面积越小。

③如何选择合适的分辨率

喷绘的图像往往是很大的，设置喷绘分辨率时，要明白"不识庐山真面目，只缘身在此山中"的道理。如果非常大的画面还用打印分辨率，电脑将有可能卡顿。制作不同尺寸的喷绘图像时使用的分辨率也不同，参数如下，仅供参考。180 平方米以上建议设置分辨率为 11.25 像素/英寸，30～180 平方米建议设置分辨率为 22.5 像素/英寸，1～30 平方米建议设置分辨率为 45 像素/英寸。

说明：因为现在的喷绘机多以 11.25 像素/英寸、22.5 像素/英寸和 45 像素/英寸为输出分辨率，故合理使用图像分辨率可以加快制图速度。

写真分辨率一般为 72 像素/英寸，如果图像过大(在 Photoshop 新建图像时，显示文件的实际大小超过 400 MB)，可以适当降低分辨率，把文件大小控制在 400 MB 以内即可。

1.3.3 图像色彩模式

①RGB 色彩模式

RGB 色彩模式是一种光学意义上的色彩模式，是以红(Red)、绿(Green)、蓝(Blue)三色为基本通道混合出丰富的色彩效果，如图 1－8 所示。由于三色混合后其数值越大颜色越亮，数值越小则颜色越暗，因此被称为加法混合。这个色彩模式几乎包括了人类视力所能感知的所有颜色，是目前运用最为广泛的颜色系统之一。

在 RGB 模式下，每种 RGB 成分都可以用 0(黑色)～255(白色)的值来表示。RGB 颜色模式适用于在屏幕上观看。

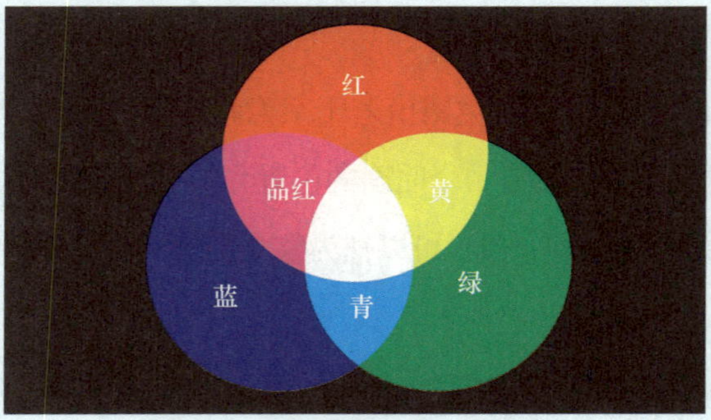

图 1－8　RGB 色彩模式

②CMYK 色彩模式

CMYK 色彩模式是一种用于印刷输出的色彩模式，与油墨颜料有关。CMYK 四个字母C(Cyan)代表青色，M(Magenta)代表品红色，Y(Yellow)代表黄色，K(Black)代表黑色，K之所以取的是 Black 最后一个字母，是为了避免与蓝色(Blue)相混淆，如图 1－9 所示。从理论上说，只需 CMY 三种油墨就足够，因为这三种颜色加在一起就能得到黑色。但由于目前制造工艺还不能制造出高纯度的油墨，CMY 相加的结果实际是一种暗红色，所以要再加一个 K(黑色)。CMYK 是由四色油墨混合形成的颜色。颜色混合后的数值越大颜色越暗，数值越小则颜色越亮，这与 RGB 色彩模式恰好相反，被称为减法混合。CMYK 色彩模式适合油墨打印使用。书籍、杂志和宣传画等印刷品采用的都是 CMYK 模式。

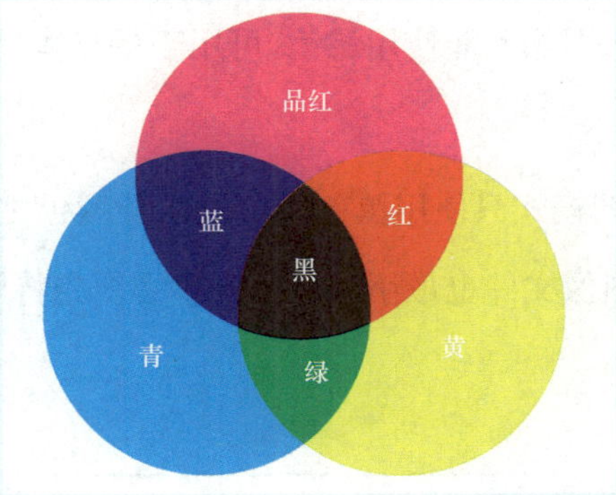

图 1－9　CMYK 色彩模式

③Lab 色彩模式

Lab 色彩模式是以一个亮度分量 L(Luminosity)，以及两个颜色分量 a 与 b 来表示颜色的。L 的取值范围为 0～100，代表颜色的明暗程度；a 分量代表由绿色到红色的光谱变化，而 b 分量代表由蓝色到黄色的光谱变化，且 a 和 b 分量的取值范围均为－128～127。Lab 颜色模式是 Photoshop 内部的颜色模式。该色彩模式是一种理论上包括了人眼能够看见的所有颜色的色彩模式，不依赖于光线与颜料，同时弥补了 RGB 与 CMYK 两种模式的不足。

④灰度模式

灰度模式在图像中使用不同的灰度级，灰度图像中的每个像素都有一个 0(黑色)到 255(白色)之间的亮度值，如图 1－10 所示。将彩色图像转换为该模式后将保存图像的亮度效果，从而使照片灰度值更好。灰度值也可以用黑色油墨覆盖的百分比来度量(0％等于白色，100％等于黑色)。

图 1－10　将 RGB 模式转化为灰度模式图像示意

⑤索引色彩模式

索引色彩模式以一个颜色表存放图像颜色，最多存放 256 种颜色。该模式只支持单通道图像，即 8 位/像素，此模式图像不能使用滤镜，可用于多媒体动画或网页文件。

⑥位图模式

Photoshop 所使用的位图模式只使用黑色和白色两种颜色之一表示图像的像素。该模式所包含的信息最少，因此图像文件也最小。位图模式必须先将图像调整到灰度模式，再转位图模式。

1.3.4　图像文件格式

如何选择合适的图像文件存储格式？

可以根据工作任务的需要选择合适的图像文件存储格式，下面就根据图像的不同用途介绍应该选择的图像文件存储格式。

用于印刷：TIFF、EPS。

Internet 图像：GIF、JPEG、PNG。

用于 Photoshop 工作：PSD、PDD、TIFF、BMP。

用于 Illustrator、CorelDRAW 工作：EPS、AI、CDR。

①PSD 格式

PSD 格式是 Photoshop 的专用格式。它能保存图像数据的每一个细节，包括图层、通道、像素、蒙版等信息，确保各层之间相互独立，便于以后进行修改。PSD 格式还可以保存为 RGB 或 CMYK 等颜色模式的文件，但唯一的缺点是保存的文件比较大。

②BMP 格式

BMP 格式是 Microsoft 公司软件的专用格式，也是 Photoshop 最常用的位图格式之一，支持 RGB、索引、灰度和位图等色彩模式的图像，但不支持 Alpha 通道。

③EPS 格式

EPS 格式是一种跨平台的通用格式，可以说几乎所有的图形图像和页面排版软件都支持该文件格式。它可以保存路径信息，并在各软件之间进行相互转换。另外，这种格式在保存时可选用 JPEG 编码方式压缩，不过这种压缩会破坏图像的外观质量。

④JPEG 格式

JPEG 格式是较常用的图像格式，支持真彩色、CMYK、RGB 和灰度颜色模式，但不支持 Alpha 通道。JPEG 格式可用于 Windows 和 MAC 平台，是所有压缩格式中最卓越的。虽然它是一种有损的压缩格式，但在文件压缩前，可以在弹出的对话框中设置压缩的大小，这样就可以有效地控制压缩时损失的数据量。JPEG 格式也是目前网络可以支持的图像文件格式之一。

⑤TIFF 格式

TIFF 格式是一种灵活的位图图像格式。TIFF 在 Photoshop 中可支持 24 个通道，是除了 Photoshop 自身格式外唯一能存储多个通道的文件格式。

⑥AI 格式

AI 格式是一种矢量图像格式，在 Illustrator 中经常用到。在 Photoshop 中可以将保存了路径的图像文件输出为“＊.ai”格式，然后在 Illustrator 和 CorelDRAW 中直接打开它并进行修改处理。

⑦GIF 格式

GIF 格式是由 CompuServe 公司制定的，能存储背景透明化的图像格式，但只能处理 256 种色彩。GIF 格式常用于网络传输，其传输速度要比传输其他格式的文件快很多，并且可以将多张图像存储成一个文件而形成动画效果。

⑧PNG 格式

PNG 格式是 Adobe 公司针对网络图像开发的文件格式。这种格式可以使用无损压缩方式压缩图像文件，并利用 Alpha 通道制作透明背景，是功能非常强大的网络文件格式。不过较早版本的浏览器可能不支持该格式。

1.4 Photoshop 介绍

Adobe Photoshop，简称“PS”，是由 Adobe Systems Incorporated 开发和发行的图像处理软件。Photoshop 主要处理以像素所构成的数字图像。Photoshop 功能强大、应用范围广泛，在图像、图形、文字、视频、出版等各方面都有涉及。

扫码观看视频

1.4.1 Adobe 企业介绍

Adobe(Adobe Systems Incorporated，其官方部门内常以中文“奥多比”自称)，是美国一家跨国电脑软件公司，创建于 1982 年，总部位于加州的圣何塞。旗下软件涉及图形设计、影像编辑与网络开发等方面。

图像处理软件 Adobe Photoshop；

矢量图形编辑软件 Adobe Illustrator；

音频编辑软件 Adobe Audition；

网页编辑软件 Adobe Dreamweaver；

视频特效编辑软件 Adobe After Effects；

视频剪辑软件 Adobe Premiere Pro；

摄影图片处理 Adobe Light Room；

界面设计 Adobe XD；

印刷品排版编辑 Adobe InDesign。

1.4.2 Photoshop 工具介绍

Photoshop 是目前应用最为广泛的图像处理软件之一，它因功能强大、易于操作等特点，被广泛应用于网店美工设计与图像处理等领域。

其应用范围大致包括：数码照片处理、视觉创意、平面设计、艺术文字、网页制作、绘画设计等。

①数码照片处理

Photoshop 可以对各种数码照片的合成、修复、修饰和调色等进行操作，如为数码照片更换背景、为人物更换发型、去除斑点、修面、数码照片偏色校正等，Photoshop 一直是影楼设计师的得力助手，如图 1－11 所示。

图 1－11　数码照片示例

②创意设计

创意设计是 Photoshop 的特长，通过 Photoshop 的艺术处理可以将原本不相干的图像组合在一起，也可以发挥想象自行设计富有新意的作品，以及利用色彩效果等在视觉上表现全新的创意，如图 1－12 所示。

图 1－12　创意设计示例

③平面设计

平面设计是 Photoshop 应用最为广泛的领域，无论是图书封面，还是招贴、海报，这些具有丰富图像的平面印刷品基本上都使用 Photoshop 软件对图像进行处理，如

图 1－13 所示。

图 1－13　平面设计示例

④艺术文字

普通的艺术文字经过 Photoshop 的艺术处理，就会变得精美绝伦。利用 Photoshop 可以使文字发生各种各样的变化，并且利用这些艺术化处理后的文字也可以为图像增加效果，如图 1－14 所示。

图 1－14　艺术文字示例

⑤网页制作

网络的迅速普及促使更多的人学习和掌握 Photoshop 知识和技能。在制作网页时，Photoshop是必不可少的网页图像处理软件，而且发挥的作用越来越大，如图 1－15 所示。

图 1－15　网页制作示例

⑥绘画设计

除了使用现成的图片进行创意合成，使用 Photoshop 绘制插画可以满足更多的设计需要。应用 Photoshop 的笔画功能结合手绘板，可以在一定程度上替代常规绘画操作。绘制效果如图1－16所示。

图 1－16　绘画设计示例

1.5 Photoshop CC 2019 工作界面

启动 Photoshop CC 2019 软件，即可看见 Photoshop CC 2019 的工作界面。工作界面主要由菜单栏、工具箱、工具属性栏、控制面板、文档窗口、状态栏等组成，如图 1－17 所示。

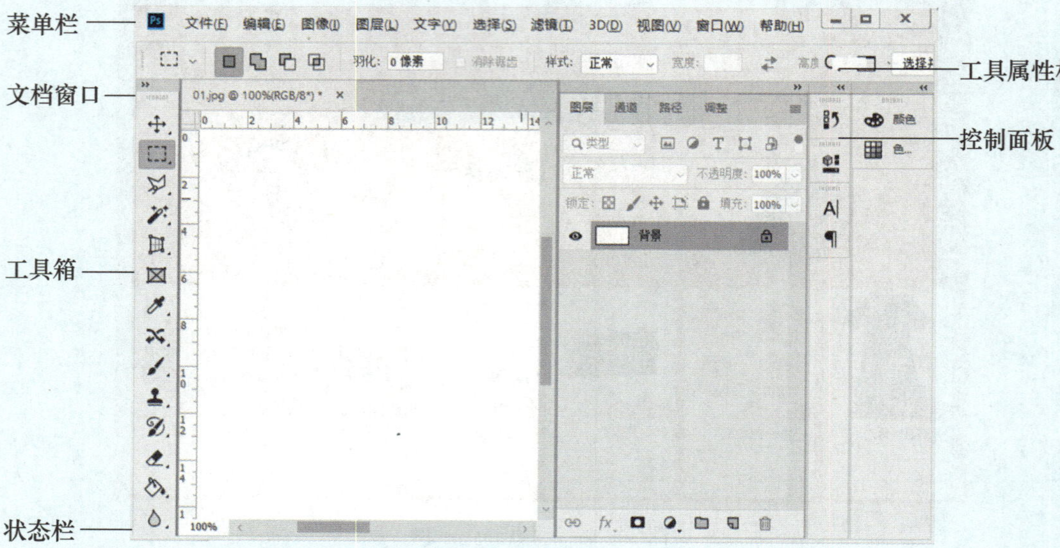

图 1－17　Photoshop CC 2019 工作界面

1.5.1 菜单栏

菜单栏位于该应用软件的顶端。菜单栏包含【文件】【编辑】【图像】【图层】【文字】【选择】【滤镜】【3D】【视图】【窗口】【帮助】等菜单，利用这些菜单可以完成图像的编辑、图像的色彩调整、滤镜的添加以及 3D 特效的制作等。

1.5.2 工具箱

工具箱在默认状态下一般位于软件活动窗口的左侧，呈单列显示，也可点击»图标，使其呈双列显示。在使用的过程中，也可以根据自己的需求或习惯拖动工具箱到其他位置。

利用工具箱中提供的工具，可以进行选择、移动、绘画、取样、填充、修复、编辑、注释、放大缩小图像等操作，还可以更改前景色和背景色，以及进行图像的快速蒙版等操作。

工具箱中的工具分为两种类型，一种右下角没有◢图标，表示该工具是单一工具；另一种右下角有◢图标，表示该工具是一个工具组，其中包含多个工具。如需显示隐藏的工具，只需把鼠标放到工具上，长按鼠标左键或单击鼠标右键即可显示，如图 1－18 所示。当把鼠标放到工具上保持不动，除了模糊工具组，其他的每个工具（组）都会显示相对应的快捷键，如图 1－19 所示。

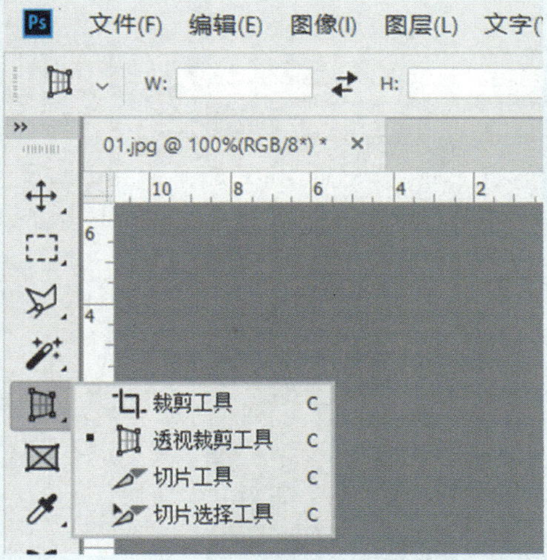

图 1－18　显示隐藏的工具

图 1－19　工具(组)名称及快捷键

1.5.3　工具属性栏

工具属性栏也叫“工具选项栏”，默认位于菜单栏的下方，可以通过拖动手柄区▏移动选项栏，如图 1－20 所示。选项栏的界面和参数不是固定的，它会随着所选工具的不同而改变。如需恢复显示软件默认的设置，可通过依次点击【窗口】菜单，下拉列表的【工具区】和级联列表的【基本功能(默认)】进行恢复。

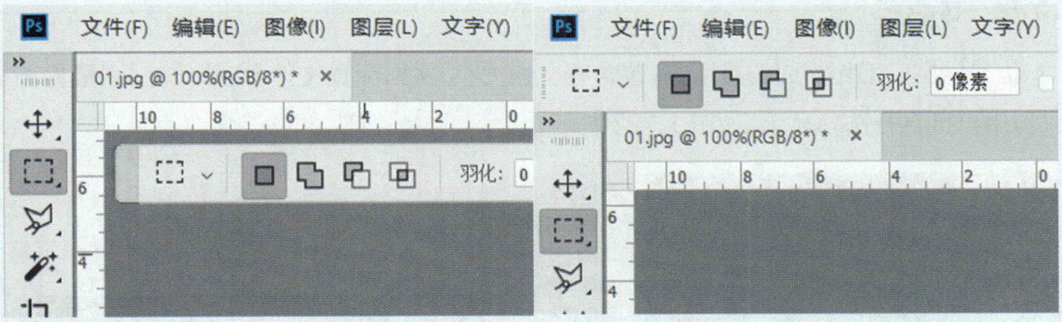

图 1－20　移动工具属性栏的位置

1.5.4　控制面板

控制面板也称为“活动面板”，默认状态下位于软件界面右侧。控制面板可根据设计需求进行显示与关闭、折叠与展开、分离与合并，具体操作如下。

①显示与关闭控制面板

启动 Photoshop CC 2019 后，在工作界面右侧会显示默认面板。若要打开其他面板，可单击【窗口】菜单，在弹出的下拉菜单中点击相应的命令即可显示；如需关闭该控制面板，再次点击该命令，取消勾选即可，如图 1－21 所示。

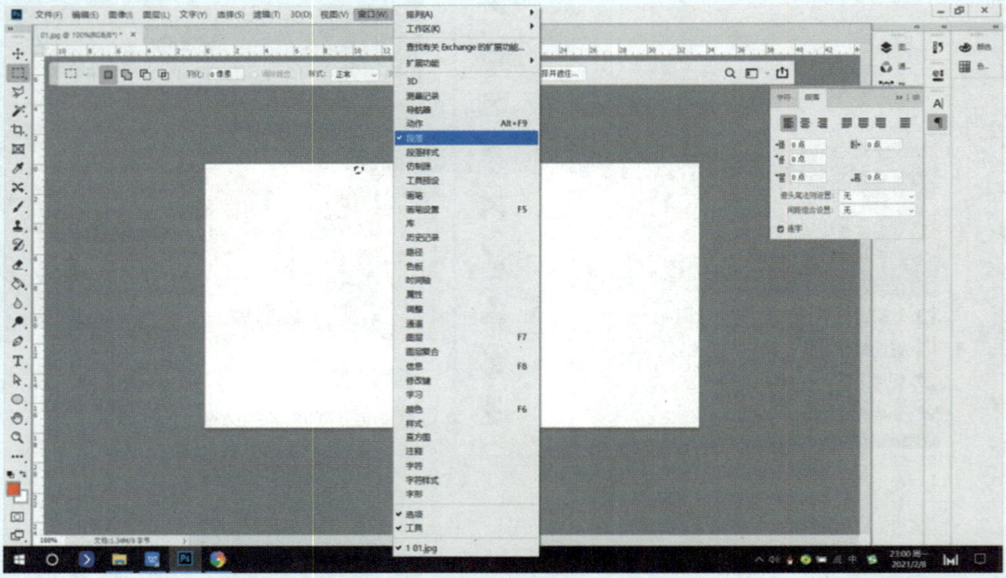

图 1－21　显示与关闭控制面板

1.5.5　文档窗口

文档窗口也叫“工作区”，也称“文档栏”。它是 Photoshop CC 2019 工作界面的主要部分，是软件操作的界面。

1.5.6　状态栏

状态栏位于工作界面的最下方，包含有文档大小、文档配置文件、文档尺寸、测量比例等项目，用户可自行选择显示，如图 1－22 所示。

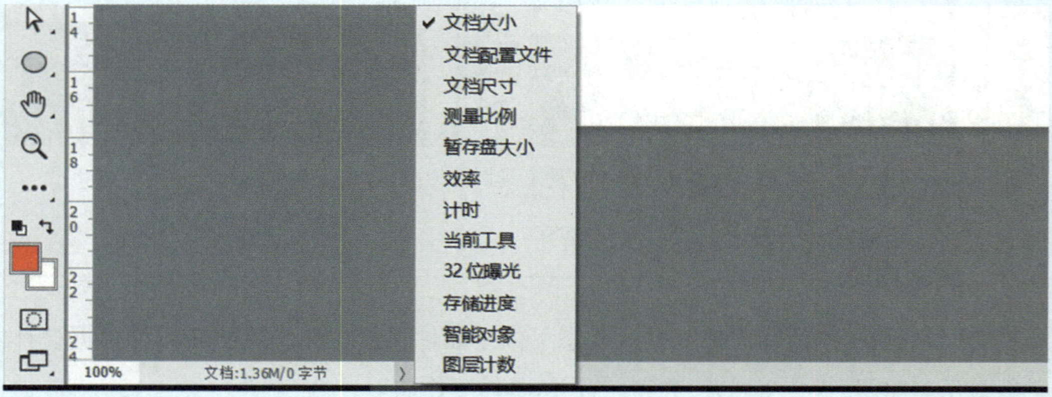

图 1－22　状态栏界面

1.6　Photoshop CC 2019 常用快捷键

默认状态下，Photoshop CC 2019 软件常用的快捷键如下。使用者也可根据自己的习惯自行更改快捷键的设置，设置方法为：点击菜单栏的【编辑】→【键盘快捷键】命令，或者直接按快捷键【Alt＋Ctrl＋Shift＋K】，在弹出的对话框中进行相应的设置。

①工具箱

移动工具【V】

矩形、椭圆选框工具【M】

套索、多边形套索、磁性套索【L】

魔棒工具【W】

裁剪工具、切片工具、切片选择工具【C】

吸管、颜色取样器、度量工具【I】

污点修复工具、修补工具、红眼工具【J】

画笔工具、铅笔工具【B】

橡皮图章、图案图章【S】

历史画笔工具、艺术历史画笔【Y】

橡皮擦、背景擦除、魔术橡皮擦【E】

渐变工具、油漆桶工具【G】

减淡、加深、海绵工具【O】

路径选择工具、直接选取工具【A】

文字工具【T】

钢笔、自由钢笔【P】

矩形、圆边矩形、椭圆、多边形、直线【U】

抓手工具【H】

缩放工具【Z】

默认前景色和背景色【D】

切换前景色和背景色【X】

切换标准模式和快速蒙板模式【Q】

临时使用移动工具【Ctrl】

临时使用吸色工具【Alt】

临时使用抓手工具【空格】

注：工具组中工具的选择在用快捷键的同时按住【Shift】即可进行切换。

②文件操作

新建文件【Ctrl＋N】

打开图像【Ctrl＋O】

打开为...【Ctrl＋Alt＋Shift＋O】

关闭当前图像【Ctrl＋W】

保存当前图像【Ctrl＋S】

另存为【Ctrl＋Shift＋S】

打印【Ctrl＋P】

退出 Photoshop【Ctrl＋Q】

③编辑操作

还原【Ctrl＋Z】

剪切选取的图像或路径【Ctrl＋X】

拷贝选取的图像或路径【Ctrl＋C】

将剪贴板内容粘贴到当前图形中【Ctrl＋V】

自由变换【Ctrl＋T】

应用自由变换(在自由变换模式下)【Enter】

从中心或对称点开始变换(在自由变换模式下)【Alt】

取消变形(在自由变换模式下)【Esc】

删除选框中的图案或选取的路径【DeL】

用背景色填充所选区域或整个图层【Ctrl＋Backspace】或【Ctrl＋Del】

用前景色填充所选区域或整个图层【Alt＋Backspace】或【Alt＋Del】

④**图像调整**

调整色阶【Ctrl+L】

自动色调【Ctrl+Shift+L】

自动对比度【Ctrl+Alt+Shift+L】

曲线调整【Ctrl+M】

色彩平衡【Ctrl+B】

色相/饱和度【Ctrl+U】

去色【Ctrl+Shift+U】

反相【Ctrl+I】

⑤**图层操作**

对话框新建图层【Ctrl+Shift+N】

默认新建图层【Ctrl+Alt+Shift+N】

通过拷贝建立图层【Ctrl+J】

对话框建立一个通过拷贝的图层【Ctrl+Alt+J】

通过剪切建立图层【Ctrl+Shift+J】

对话框建立通过剪切图层【Ctrl+Shift+Alt+J】

与前一图层编组【Ctrl+G】

取消编组【Ctrl+Shift+G】

将当前层下移一层【Ctrl+[】

将当前层上移一层【Ctrl+]】

将当前层移到最下面【Ctrl+Shift+[】

将当前层移到最上面【Ctrl+Shift+]】

向下合并或合并连接图层【Ctrl+E】

合并可见图层【Ctrl+Shift+E】

盖印或盖印连接图层【Ctrl+Alt+E】

盖印可见图层【Ctrl+Alt+Shift+E】

⑥**选择功能**

全部选取【Ctrl+A】

取消选择【Ctrl+D】

重新选择【Ctrl+Shift+D】

羽化【Shift+F6】

反向选择【Ctrl+Shift+I】

载入选区【Ctrl】+点按图层、路径、通道面板中的缩略图

⑦**滤镜**

执行上次的滤镜【Ctrl+F】

退去上次滤镜【Ctrl+Shift+F】

⑧**视图操作**

放大视图【Ctrl++】

缩小视图【Ctrl+-】

满画布显示【Ctrl+0】

实际像素显示【Ctrl+1】

显示/隐藏选区【Ctrl+H】

显示/隐藏路径【Ctrl+Shift+H】

显示/隐藏标尺【Ctrl+R】

⑨**文字处理**

调整字间距【Alt+←或→】

调整行间距【Alt+↓或↑】

1.7 课后练习

1. 简述网店美工设计岗位的工作职责。

2. 下载并安装 Photoshop CC 2019，并了解其工作界面。

模块2

网店美工设计的基础操作

模块介绍

本模块主要介绍网店美工设计的基础操作，包括 Photoshop 视图调整，图像显示模式切换，图像显示比例调整，首选项重要设置，前景色与背景色的设置与填充，图像大小显示调整，图像的旋转设置，图像文件的新建、打开、保存、关闭等基本操作，图像和画布尺寸调整，图像操作恢复与还原应用，图层的新建、复制、删除等操作，显示与隐藏图层操作，合并与盖印图层，图层组操作，图层混合样式等内容。通过本模块的学习，读者可以掌握网店美工设计的基础操作，了解图层的操作等知识。

学习目标

知识目标

- 了解网店美工设计基础操作的要素；
- 了解首选项的重要性；
- 理解图层概念以及图层混合样式的原理。

技能目标

- 掌握文件的基础操作；
- 掌握软件的显示模式切换；
- 掌握图像显示模式切换；
- 掌握图像显示比例调整；
- 掌握软件首选项重要设置；
- 掌握前景色与背景色的设置与填充；
- 掌握图像和画布尺寸调整；
- 掌握图层的基本操作；
- 掌握应用图层样式的方法。

素养目标

- 树立爱岗敬业意识；
- 培养工匠精神。

2.1 Photoshop 视图调整

在 Photoshop CC 2019 中，为了让使用者更好地观察与处理图像，软件界面提供了多种视图模式供使用者选择。

扫码观看视频

2.1.1 图像显示模式切换

Photoshop CC 2019 提供了标准屏幕模式、带有菜单栏的全屏模式以及全屏模式三种屏幕显示模式。用户可以根据工作需要对图像的显示模式进行切换。

软件默认呈“标准屏幕模式”，如需切换屏幕显示模式，可以单击【视图】【屏幕模式】命令进行切换，如图 2－1 所示。

也可以在工具箱中点击【更改屏幕模式】 按钮进行切换，或者直接按快捷键【F】进行显示模式切换。

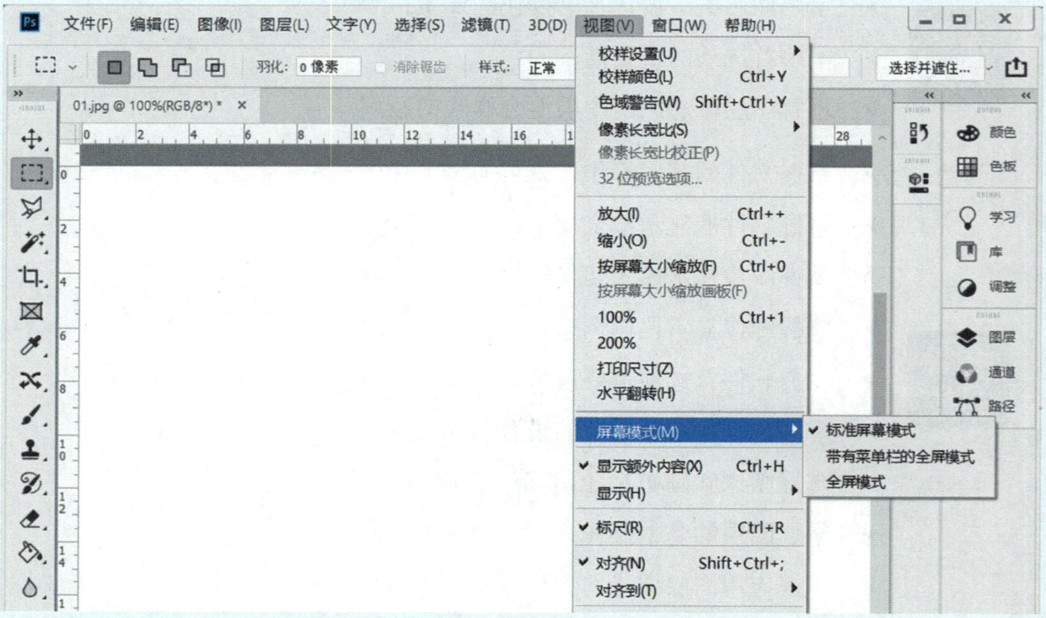

图 2－1 图像显示模式切换

2.1.2　图像显示比例调整

平时在处理图像的过程中，经常需要查看图像的整体或者局部，需要对图像进行放大显示和缩小显示。在 Photoshop CC 2019 中，有以下几种方式可以调整图像的显示比例。

①通过状态栏调整图像的显示比例

使用状态栏可以改变图像的显示比例。在状态栏最左侧有一个百分比的文本框，呈现了当前图像的显示比例。通过修改该数值，按回车键确认，即可调整图像的显示比例，如图 2 - 2所示。

图 2 - 2　通过状态栏调整图像的显示比例

②通过缩放工具调整图像的显示比例

使用工具箱中的“缩放工具”按钮 以及工具属性栏，可以放大或缩小图像的显示比例，如图 2 - 3 所示。点击缩放工具后，默认是放大显示，如需快速进行缩小显示，可按【Alt】键进行点击。

图 2 - 3　通过缩放工具调整图像的显示比例

③通过快捷键调整图像的显示比例

平时在使用软件的过程中，为了提高工作效率，需要用到快捷键。Photoshop CC 2019 用于放大或缩小图像显示比例的快捷键为【Ctrl＋“＋”】或【Ctrl＋“－”】。按住【Alt】键，滚动鼠标的滑轮也可实现当前图像的放大或缩小显示。

按快捷键【Ctrl＋0】实现当前图像“适合屏幕”显示，按快捷键【Ctrl＋1】实现当前图像以 100％的比例显示。

图像放大显示时，需要对不同的局部进行操作，如何快速查看不同位置呢？可以点击【抓手工具】 进行拖动，显示不同的图像位置。也可以按住键盘上的【空格键】，缩放工具立即会切换为抓手工具，这时候可利用鼠标实现图像的拖动。

2.2 Photoshop 常用设置和调整

在使用 Photoshop 前，一般需要对软件进行常用的设置与调整，以发挥软件的性能。

扫码观看视频

2.2.1 首选项重要设置

首选项中【性能】【暂存盘】【单位与标尺】这 3 个选项非常重要，可以避免在使用软件时频繁出现崩溃、卡死、黑屏等异常现象。首选项的设置方法如下。

打开 Photoshop 软件，依次点击菜单栏的【编辑】→【首选项】→【常规】(或按快捷键【Ctrl+K】组合键)，然后分别修改【性能】【暂存盘】【单位与标尺】，如图 2-4 所示。

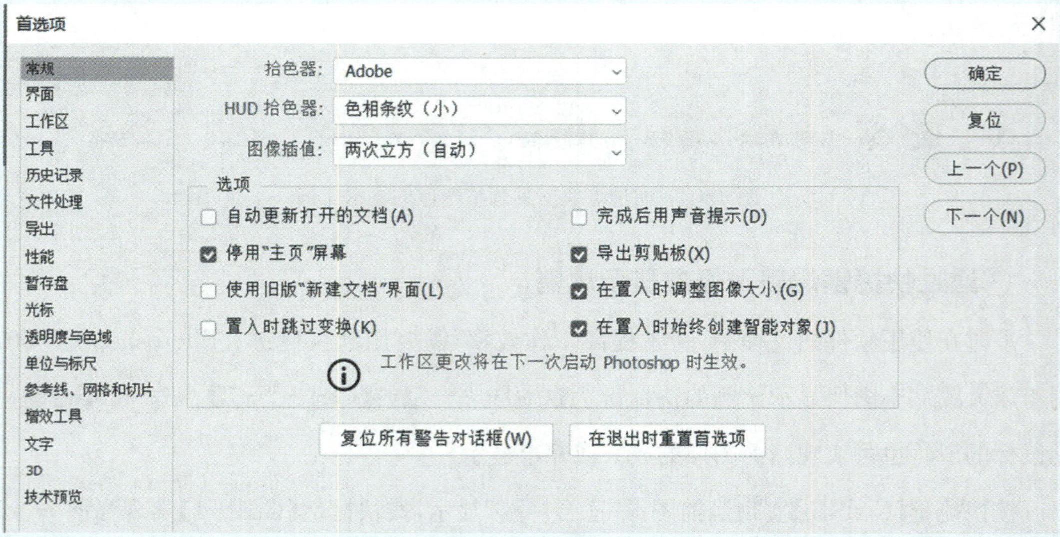

图 2-4　首选项的重要设置

性能：Photoshop CC 2019 软件默认为 80%，建议保持在 80%及以上。在使用软件时，尽量关闭其他程序，保证其通畅运行。

暂存盘：默认勾选安装目录盘符，建议勾选多个盘符，这样可避免因某个盘符空间不够出现卡顿或临时关闭的情况，尤其在处理大文件时特别有用，如图 2-5 所示。

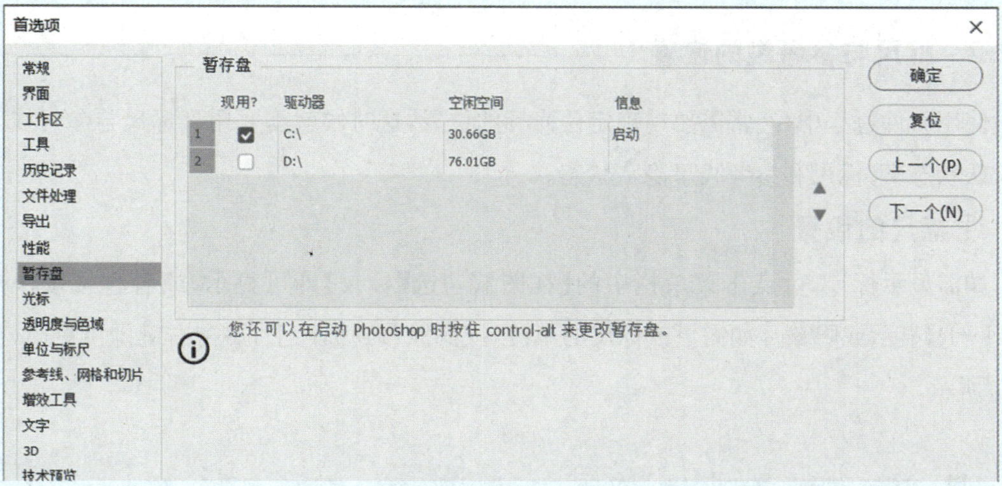

图 2-5 暂存盘设置

单位与标尺：经常做 UI 和 Web 视觉设计的使用者，可以将标尺和文字单位设置为像素；经常做平面设计，需要输出的使用者，可以选择厘米或毫米单位，如图 2-6 所示。

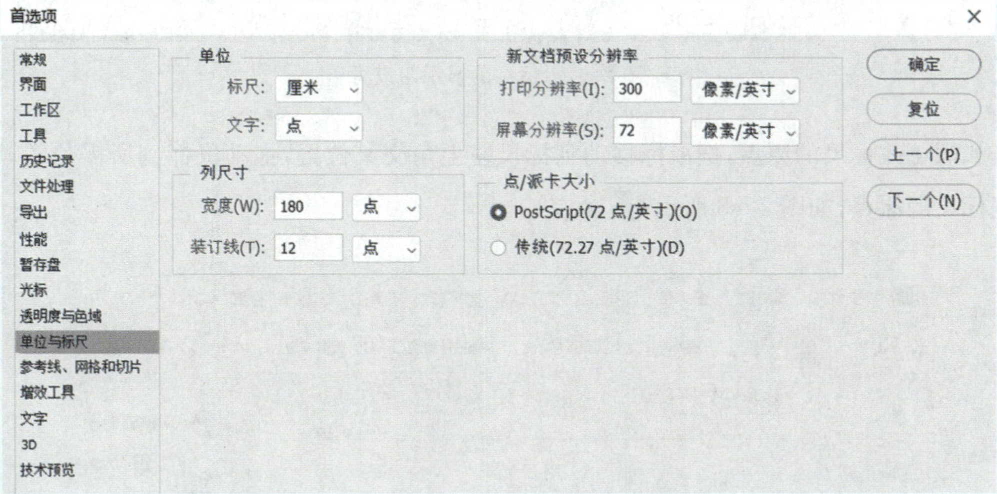

图 2-6 单位与标尺设置

此外，首选项里还提供了历史记录、光标、参考线、网络和切片等重要设置。用户可根据自身需求进行设置。

2.2.2 标尺与参考线的设置

使用软件过程中，经常需要精确定位光标的位置，这时候就需要用到标尺与参考线。软件默认状态下，标尺和参考线呈隐藏状态。

①标尺的设置

如需显示标尺，可点击菜单栏中的【视图】，勾选【标尺】即可显示，或者直接按快捷键【Ctrl＋R】显示或隐藏。如需更改标尺的单位，把鼠标移到标尺上，单击右键即可更改，如图2－7所示。

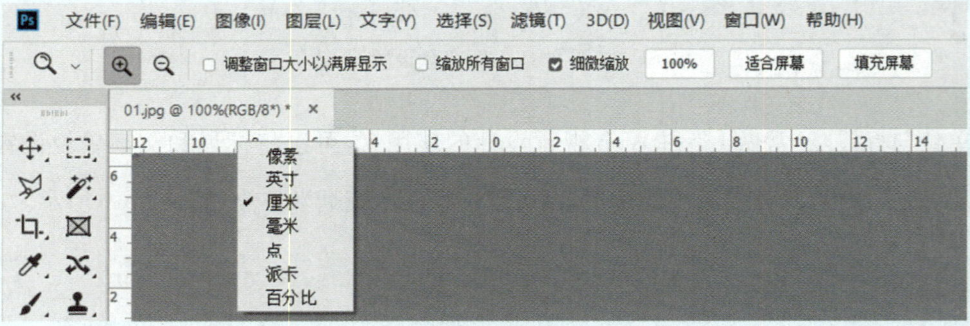

图2－7　标尺的显示与设置

如需更改标尺的原点，把鼠标移动到标尺左上角交叉位置，拖动鼠标到所需位置，即可改变标尺的原点，如图2－8所示。

图2－8　标尺原点的设置

②参考线的设置

参考线是浮在整个图像上不可打印的线，用于对图像进行精确定位和对齐。如需新建参考线，可以单击菜单栏中的【视图】→【新建参考线】命令，弹出【新建参考线】对话框。选中【水平】或【垂直】单选按钮，在【位置】中输入数值，点击【确定】按钮即可在当前图像中添加参考线，如图 2－9 所示。

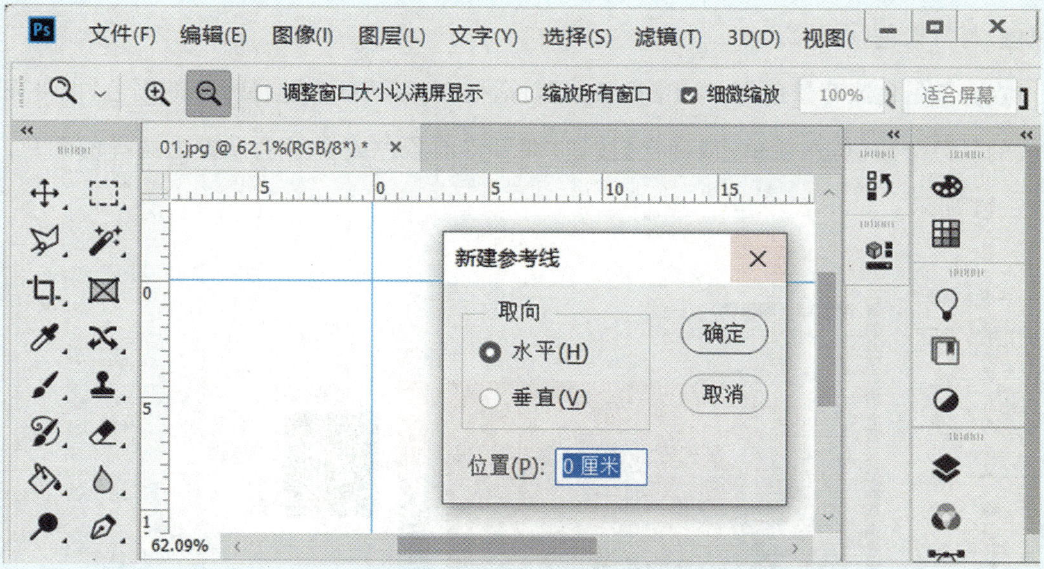

图 2－9　参考线的设置

在标尺显示的状态下，把鼠标移动到左侧标尺或上侧标尺上，按住鼠标左键往外拖动，也可实现新建垂直或水平参考线。如需隐藏参考线，选择移动工具，把鼠标放到参考线上，鼠标会变成双向箭头，这时把参考线拖回标尺内即可。

2.2.3　前景色与背景色的设置

在使用 Photoshop 的画笔、铅笔及油漆桶等工具填充颜色时，经常需要设置前景色和背景色。在 Photoshop CC 2019 中有多种设置前景色与背景色的方法，下面将分别对其进行介绍。

①使用颜色工具进行设置

在工具箱中有一个设置前景色和背景色的工具，用户可以通过该工具来设置当前使用的前景色和背景色，如图 2－10 所示。

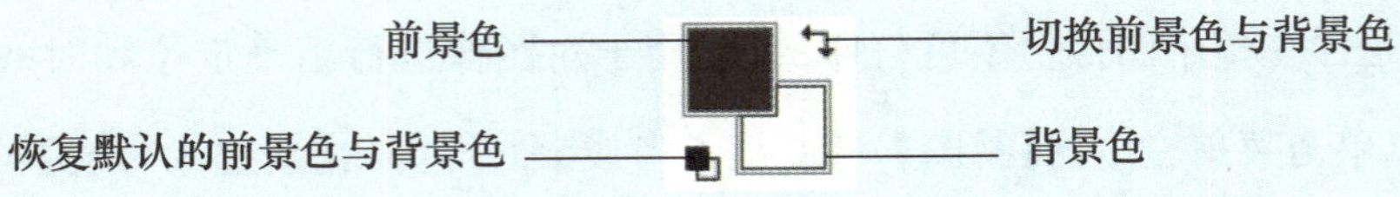

图 2－10　颜色工具设置

使用快捷键【X】也可以实现前景色与背景色的切换，使用快捷键【D】恢复默认的前景色（黑色）与背景色（白色）。

点击前景色或背景色，会弹出【拾色器】对话框，在对话框中选择需要的颜色，也可输入相应的颜色参数值，然后单击【确定】按钮，即可将前景色或背景色设置为选择的颜色，如图 2－11 所示。

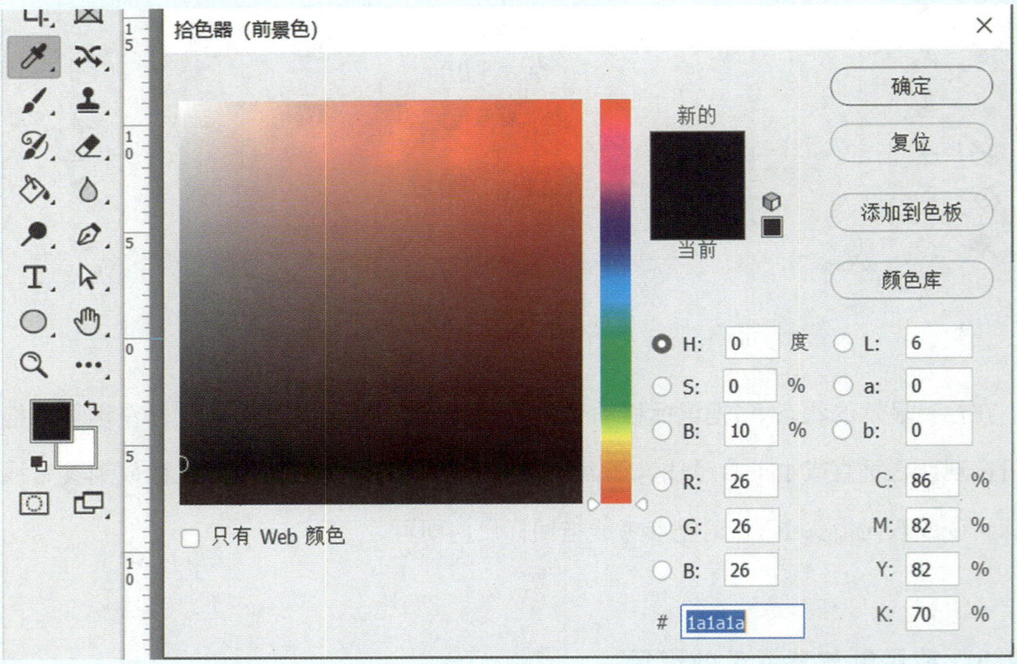

图 2－11　拾色器填充前景色或背景色

②使用吸管工具进行设置

在使用 Photoshop 时，需要经常从样例图像中获取颜色，以确保图像中的颜色一致。例如，要为图像中某个区域填充相同的颜色时，就需要从该区域附近找出相近的颜色，此时便会用到工具箱中的吸管工具。点击吸管工具后，将鼠标指针移至图像窗口中，并在取色位置处单击，即可提取该处的颜色为前景色；如按住【Alt】键，则提取的颜色为背景色，如

图 2－12 所示。

图 2－12　使用吸管工具进行设置

2.2.4　前景色与背景色的填充

①使用填充工具进行填充

在处理图像时，设置完前景色与背景色后，需要把颜色填充到整张图像或者局部图像中(有选区时填充选区，无选区时填充图层)。点击菜单栏中的【编辑】→【填充】命令，在对话框内容中选择相应的颜色进行填充，如图 2－13 所示。

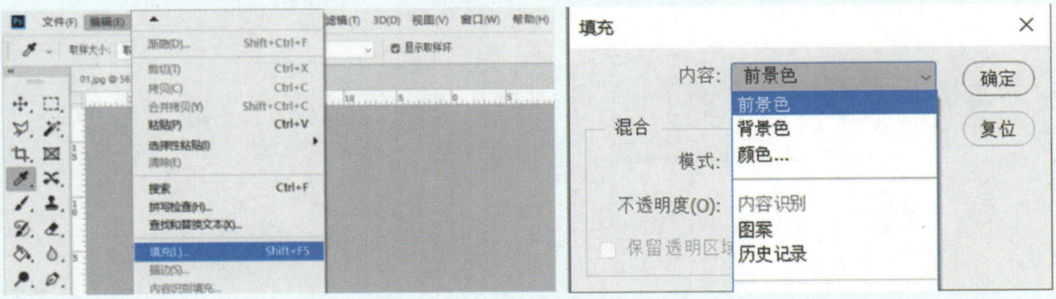

图 2－13　使用填充工具进行填充

②使用快捷键进行填充

Photoshop 中，常用的前景色填充快捷键为【Alt＋Del】或【Alt＋Backspace】，背景色填充快捷键为【Ctrl＋Del】或【Ctrl＋Backspace】。

③使用油漆桶工具进行填充

在使用工具箱中油漆桶工具( )进行填充时，需要注意填充的范围会受到工具属性栏中“容差值”与“连续的”影响，如图 2－14 所示。

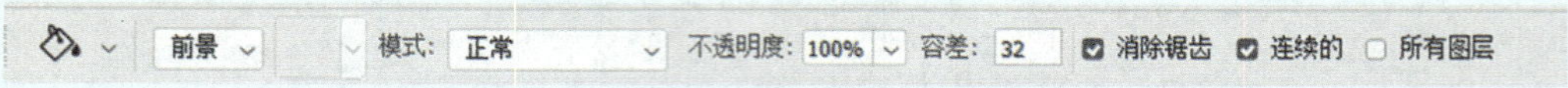

图 2－14　使用油漆桶工具进行填充

2.3　图像文件基本操作

新建、打开、保存、关闭图像是 Photoshop 软件最基本的操作。下面分别讲解这些操作的使用方法。

扫码观看视频

2.3.1　新建图像文件

点击菜单栏【文件】→【新建】命令，或直接按快捷键【Ctrl＋N】，在弹出的“新建文档”对话框中设置标题、宽度、高度、分辨率、颜色模式等内容，执行操作后，点击【创建】即可完成图像的新建，如图 2－15 所示。

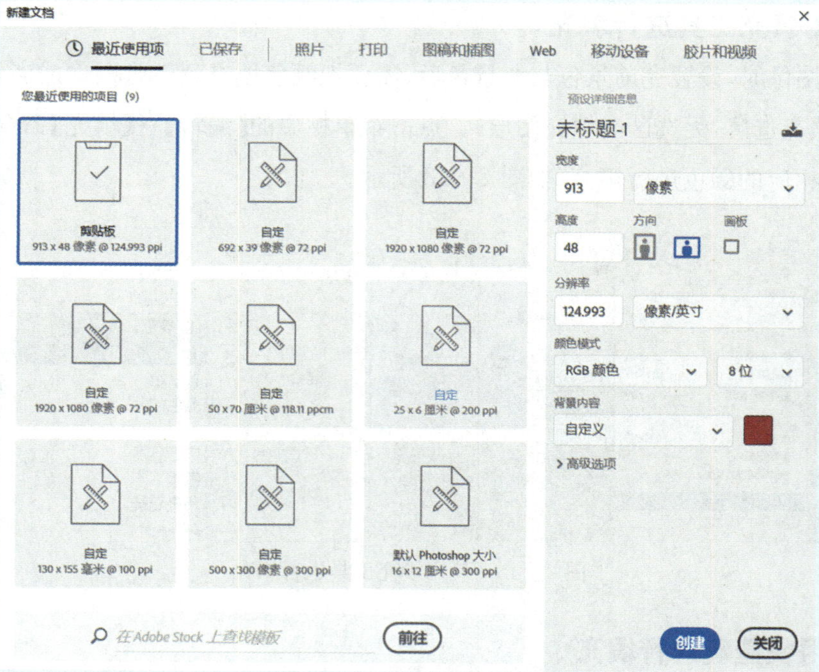

图 2－15　新建图像文件

2.3.2　打开图像文件

如需对图像进行修改或处理，就需要在软件中打开所需要的图像，打开图像的方法为：点击菜单栏中的【文件】→【打开】命令；或者直接按快捷键【Ctrl＋O】；或者在活动窗口中双击鼠标左键，在弹出的对话框中选择图像所在的路径，点击【打开】命令；或者直接双击图像即可打开，如图 2－16 所示。

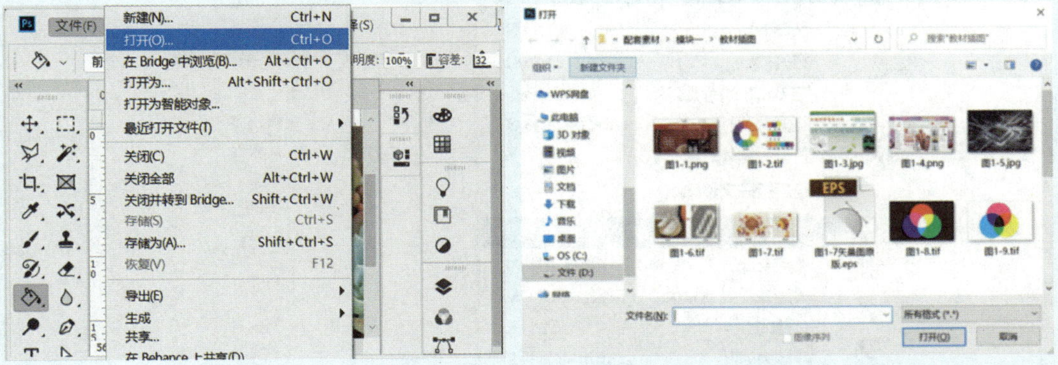

图 2－16　打开图像文件

2.3.3　保存图像文件

当图像制作完成或修改完成后，需要对图像进行保存，方便下次使用。保存图像文件的方法为：点击菜单栏中的【文件】→【存储为】命令，或直接按快捷键【Shift＋Ctrl＋S】，可实现保存图像文件。在保存时，将弹出对话框，在对话框中输入文件名、选择文件格式后，单击【保存】按钮，即可保存图像文件，如图 2－17 所示。

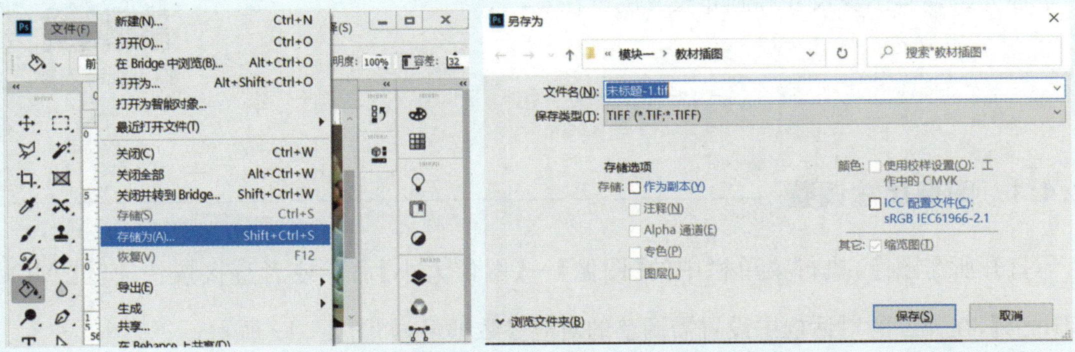

图 2－17　保存图像文件

2.3.4 关闭图像文件

当需要关闭图像文件时，可以直接点击图像窗口上的关闭按钮 × 或者依次点击菜单栏中的【文件】→【关闭】命令，可实现关闭图像文件；也可直接按快捷键【Ctrl＋W】关闭单个图像文件；按快捷键【Alt＋Ctrl＋W】关闭全部图像文件，如图 2－18 所示。

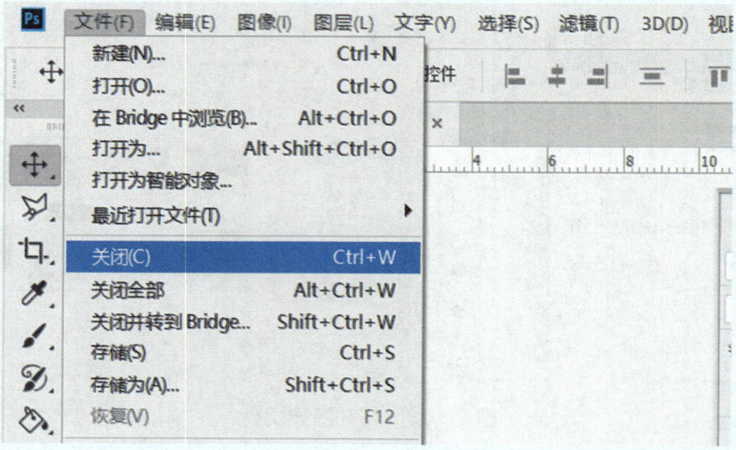

图 2－18　关闭图像文件

2.4 图像和画布尺寸调整

在处理图像时，有时需要调整图像尺寸和画布尺寸以适应设计需要。下面介绍调整图像尺寸和画布尺寸的方法。

扫码观看视频

2.4.1 图像尺寸调整

打开所需图像，执行菜单栏中的【图像】→【图像大小】命令或者直接按快捷键【Alt＋Ctrl＋I】，在弹出的对话框中设置需调整的对应参数即可，如图 2－19 所示。

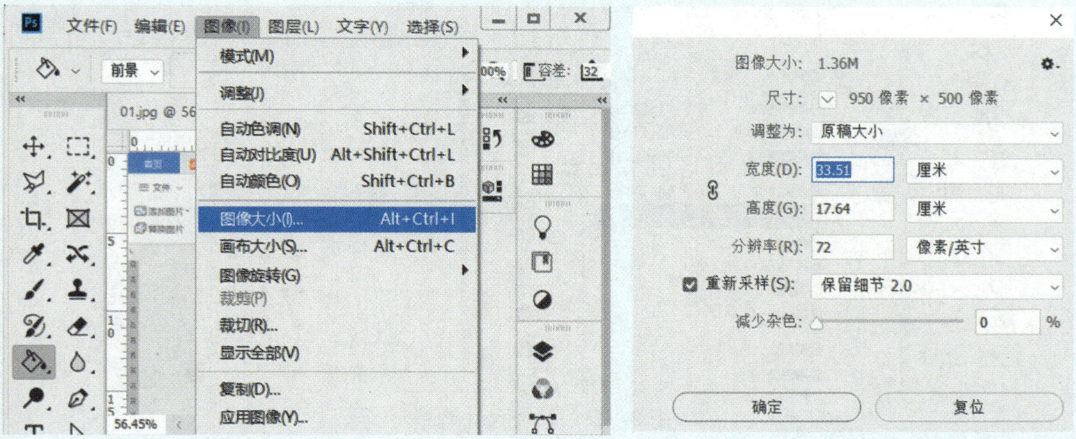

图 2 - 19　图像尺寸调整

图像大小：

●宽度和高度前面的 8 代表宽高比是否锁定，可点击进行锁定或解除锁定。

重新采样：

●自动：默认选项，选择此选项软件会根据对图像的操作自动进行选择。

●保留细节 2.0：主要是减少图片的杂色，让图片更加细腻。

●两次立方（较平滑）（扩大）：这个是在自动之上让图像更加平滑的一种优化。

●两次立方（较锐利）（缩减）：与上面的操作正好相反，主要是更大化地保留图片的细节。

●两次立方（平滑渐变）：将周围像素值作为依据的一种分析，处理的图片精度较高。

●邻近（硬边缘）：这种与两次立方有点不同的是，处理速度较快但是精度不高。

●两次线性：这种方式生成的图片比较中等，处理的依据是周围像素。

2.4.2　画布尺寸调整

画布，相当于平时生活中用于绘画或书写的纸张一样，是用来绘制或编辑图像的工作区。调整画布尺寸的方法为：点击菜单栏【图像】→【画布大小】或者直接按快捷键【Alt＋Ctrl＋C】，在弹出的对话框中设置需调整的对应参数即可，如图 2 - 20 所示。

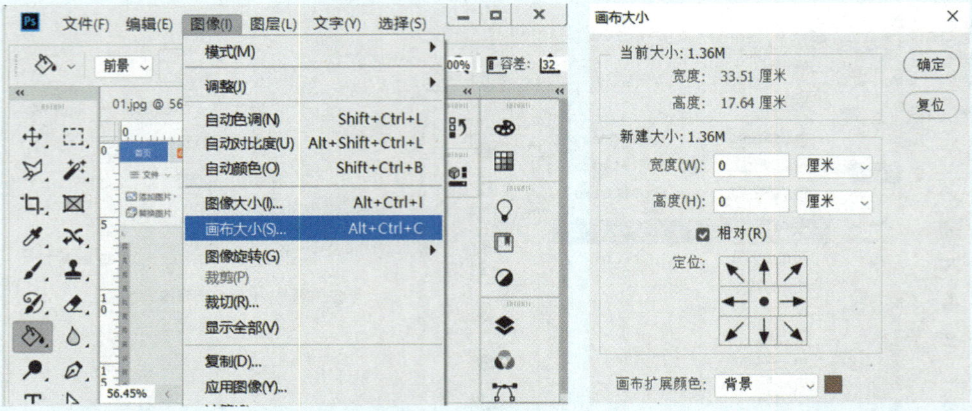

图 2－20　画布尺寸调整

如画布大小不方便计算时，可勾选“相对”，选择定位的方向，直接输入需要增加的值即可扩展；缩小画布大小时取消勾选“相对”。

2.4.3　图像裁剪

在制图的过程中，经常需要将局部图像按照一定的尺寸和分辨率裁剪出来，这时候就需要用到裁剪工具组（ ）。该工具组中包括裁剪工具（ ）、透视裁剪工具（ ）、切片工具（ ）、切片选择工具（ ）4 个工具。

裁剪工具：按照选区或裁剪工具选择的范围，将选区裁剪出来，将多余部分删除。裁剪是移去部分照片以打造焦点或加强构图效果的过程。

透视裁剪工具：把具有透视的图像进行裁切，同时把画面拉直并纠正为正常的视角，如图 2－21 所示。

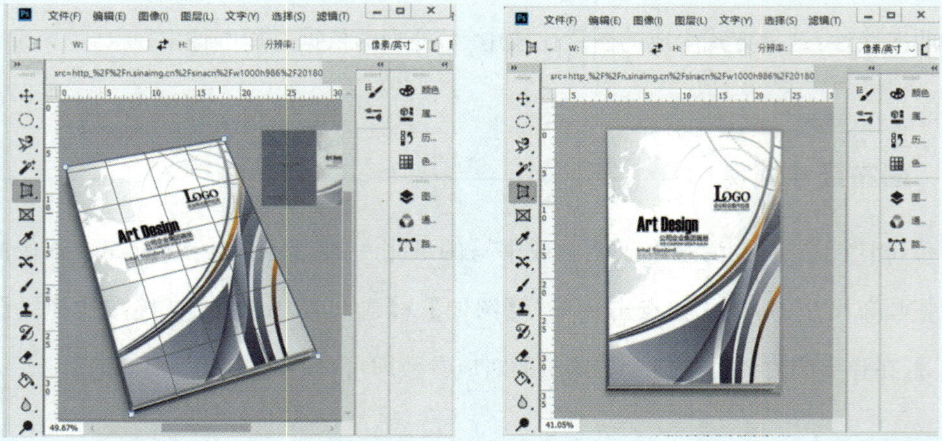
图 2－21　透视裁剪图像

切片工具:这是在制作商品详情页时必须使用的一个工具。它能够把图片分割成多个自然连接的局部图。切片后保存为 web 所用格式,会自动生成一个文件夹,里面按次序存着分割好的图片。

切片选择工具:用于选择切片及调节切片的大小。

课堂练习——制作一寸照

【学习目标】学习裁剪工具的方法。

【知识要点】选择裁剪工具,设置裁剪尺寸及分辨率,调整合适位置,完成裁剪。最终效果如图 2－22 所示。(宽 2.5 厘米、高 3.5 厘米)

图 2－22　最终效果图

【效果图所在位置】配套素材\模块 2\课堂练习\最终效果\01 制作一寸照(效果).jpg

1. 打开软件,按快捷键【Ctrl＋O】,打开“配套素材\模块 2\课堂练习\原始素材\01 制作一寸照\01 素材.jpg”文件。选择“裁剪工具”,设置工具属性栏下拉项为:宽×高×分辨率,如图 2－23 所示。

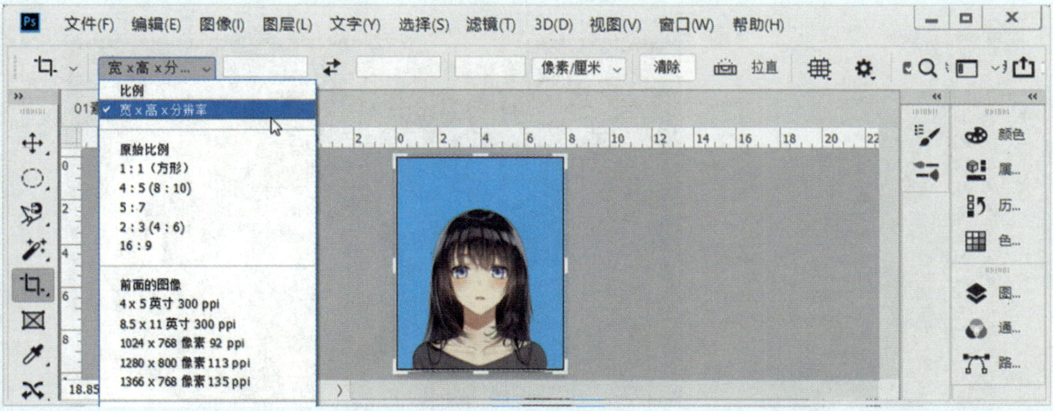

图 2－23　打开素材

2. 设置一寸照的参数为 2.5 厘米×3.5 厘米，分辨率为 300 像素/英寸。在图像上拖动鼠标，调整裁剪范围。如图 2－24 所示，点击工具属性栏中的 ✓ ，或按【Enter】键确认，即可完成裁剪。

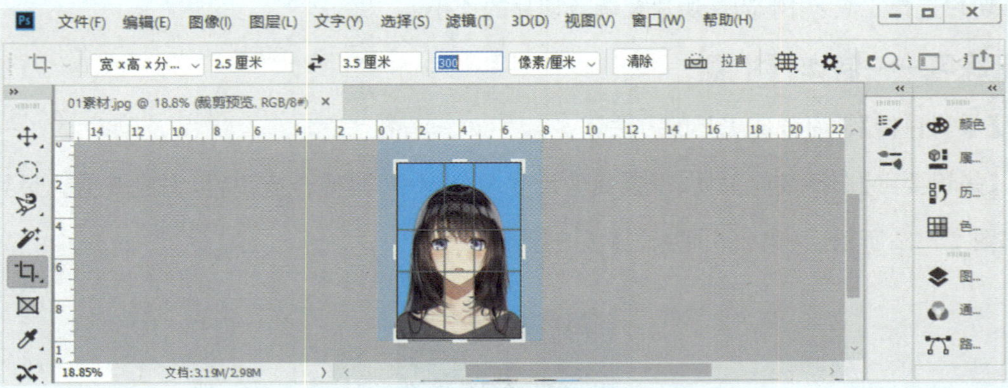

图 2－24　设置裁剪参数

2.5　图像的变换

在使用 Photoshop CC 处理图像时，为了制作出相应的图像效果，使图像与整体画面和谐统一，则需要对某些图像进行旋转、斜切、透视、变形等变换操作。

扫码观看视频

2.5.1　图像的自由变换

点击菜单栏中的【编辑】→【自由变换】或直接按快捷键【Ctrl＋T】，即可对图像进行自由变换操作，如图 2－25 所示。

图 2－25　图像自由变换

此时，图像的边缘会呈现 8 个控制柄，把鼠标移动到控制柄的位置，按住鼠标左键拖动即可放大或缩小图像。Photoshop CC 2019 中，默认为等比例放大或缩小，如需实现任意放大或缩小，按住【Shift】键可实现。如需从中心放大或缩小图像，按住【Alt】键可实现。完毕后按【Enter】键即可完成变换操作。

2.5.2　图像的旋转

点击菜单栏中的【编辑】→【变换】→【旋转】命令，或者在自由变换的状态下，把鼠标移动到控制柄的外面，鼠标会呈双向弧形箭头，这时按住鼠标左键即可实现任意角度的图像旋转。按住【Shift】键，可实现 15 度角旋转，也可在工具属性栏中设置旋转角度。当点击右键后，在弹出的对话框中可设置旋转 180 度、顺时针旋转 90 度、逆时针旋转 90 度，如图 2－26 所示。

图 2－26　图像旋转设置

2.5.3　图像的斜切

点击菜单栏中的【编辑】→【变换】→【斜切】命令，或者在自由变换的状态下，把鼠标移动到四角的控制柄上，按住【Ctrl】键拖住鼠标左键，可实现斜切，如图 2－27 所示。

图 2－27　图像斜切设置

2.5.4　图像的透视

点击菜单栏中的【编辑】→【变换】→【透视】命令，将鼠标移动到任一角的控制柄上，按住鼠标左键进行拖动，另一角也会呈对称方向变换，从而实现透视效果，如图 2－28 所示。

图 2－28　图像透视设置

2.5.5　图像的变形

点击菜单栏中的【编辑】→【变换】→【变形】命令，此时图像上出现九宫格线条，按住鼠标左键的同时拖动任意一个控制点，都可对图像进行变形操作，如图 2-29 所示。

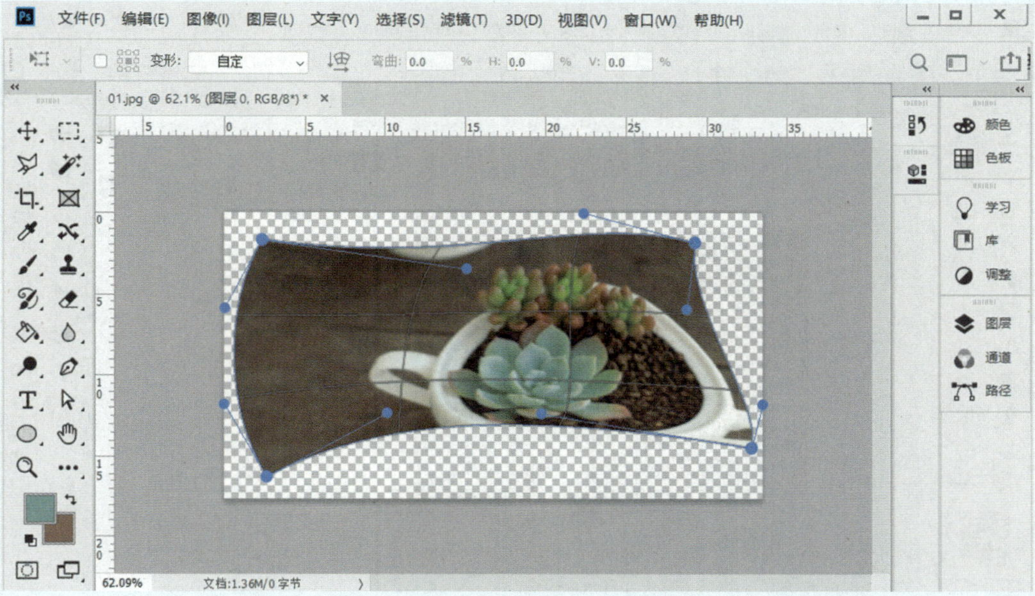

图 2-29　图像变形设置

2.6　图像操作还原与重做

使用软件过程中，由于操作失误或者需要返回上一步时，就需要进行图像操作还原与重做。下面介绍两个还原的方法。

扫码观看视频

2.6.1　还原到上一步

点击菜单栏中的【编辑】→【还原】命令，或者直接按快捷键【Ctrl＋Z】，即可实现还原到上一步的操作。如需取消还原的操作，可按快捷键【Shift＋Ctrl＋Z】实现。按快捷键【Alt＋Ctrl＋Z】将切换回最终状态。

2.6.2 还原到历史任一步

点击菜单栏中的【窗口】命令，勾选【历史记录】，通过“历史记录”面板，可查看图像的操作步骤，通过点击不同操作步骤，即可恢复到历史记录中的任一步，如图 2 - 30 所示。

图 2 - 30　还原到历史记录中的任一步

2.7 图层的操作

图层是 Photoshop 软件中最为重要的一个概念。图层就如同堆叠在一起的透明纸，透过图层的透明区域可以看到下面的图层。通俗地讲，图层就像是含有文字或图形等元素的胶片，一张张按顺序叠放在一起，组合起来形成页面的最终效果。Photoshop 软件中的图层一般分为七类：背景图层、文字图层、普通图层、填充/调整图层、形状图层、矢量图层、蒙版图层。下面介绍常见的三种图层。

扫码观看视频

背景图层：打开一张图片，默认的第一个图层便是背景图层，一般默认的是锁定状态；如果是新建文件，默认的白色或填充其他背景色创建的最下面的图层就是背景图层，如图 2 -

31 所示。如需把背景图层更改为普通图层，双击背景图层即可。

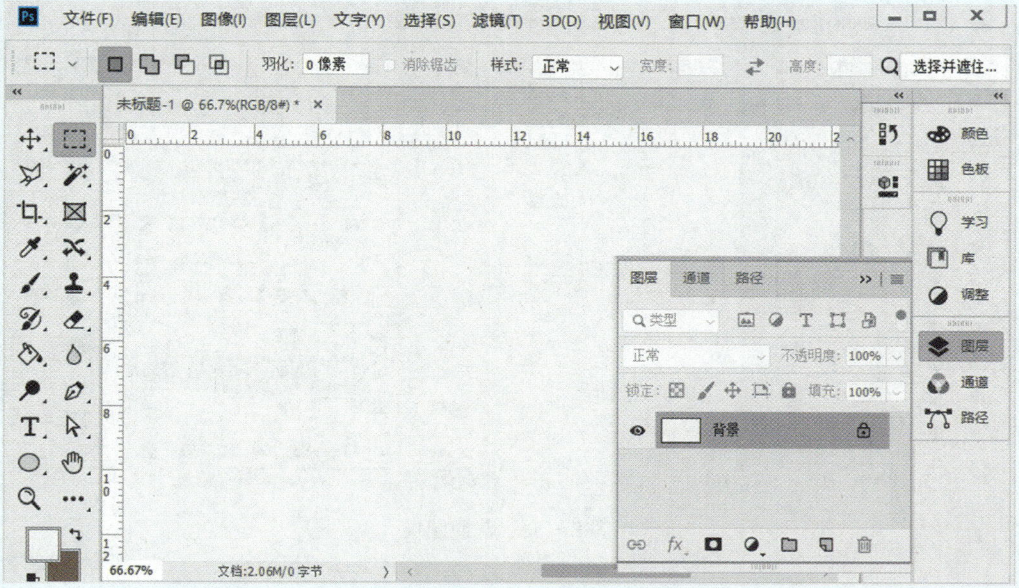

图 2－31　背景图层

文字图层：在图层面板上以缩略图显示为字母“T”的图层，默认的文字图层名称是文字内容，如图 2－32 所示。

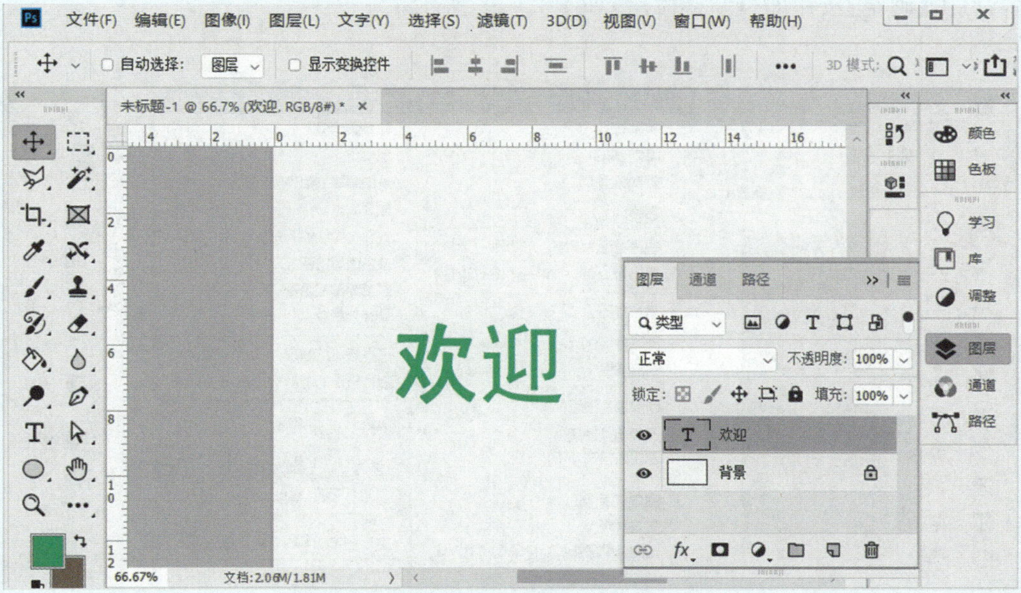

图 2－32　文字图层

普通图层：可以执行很多命令，Photoshop 中，如果不是普通图层，有些命令没有办法执行，此时需要把图层栅格化变为普通图层才能执行，如图 2－33 所示。

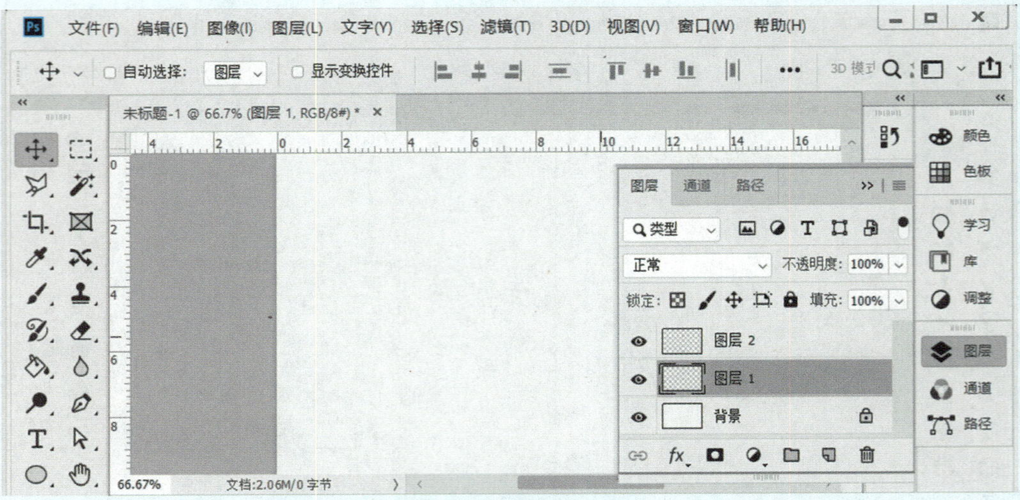

图 2－33　普通图层

2.7.1　新建图层

点击菜单栏中的【图层】→【新建】→【图层】命令，或直接按快捷键【Ctrl＋Shift＋N】新建图层，如图 2－34 所示。在弹出的“新建图层”对话框中修改名称、颜色、模式等参数，修改完毕后，点击【确定】按钮即可新建图层，如图 2－35 所示。

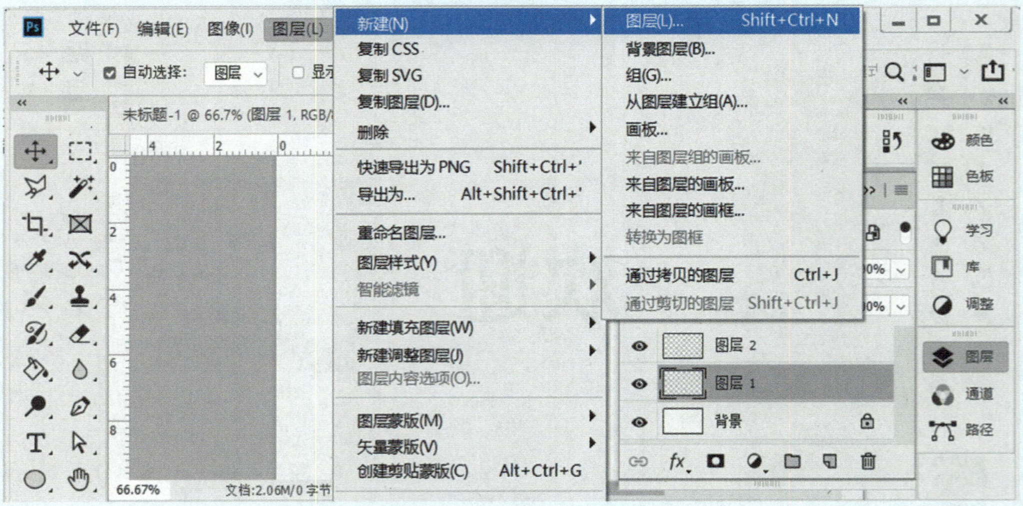

图 2－34　通过菜单栏新建图层

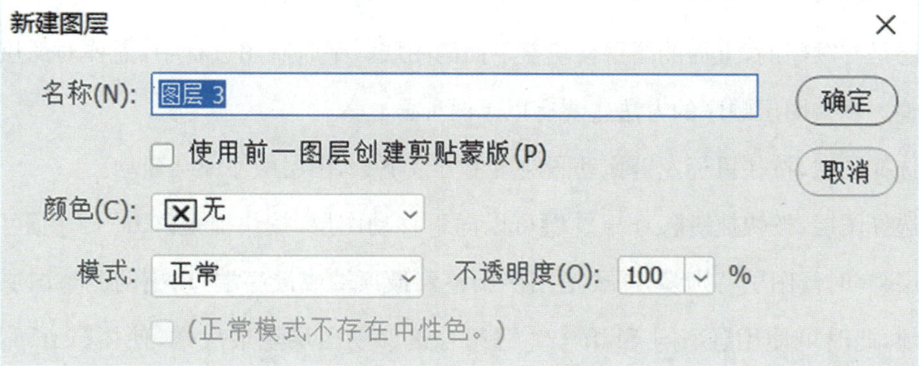

图 2－35　"新建图层"对话框

新建图层也可以直接点击图层面板上的"创建新图层"按钮 实现新建图层，如图 2－36 所示；也可以直接按【Ctrl＋Alt＋Shift＋N】组合键，在不弹出对话框的状态下新建图层。

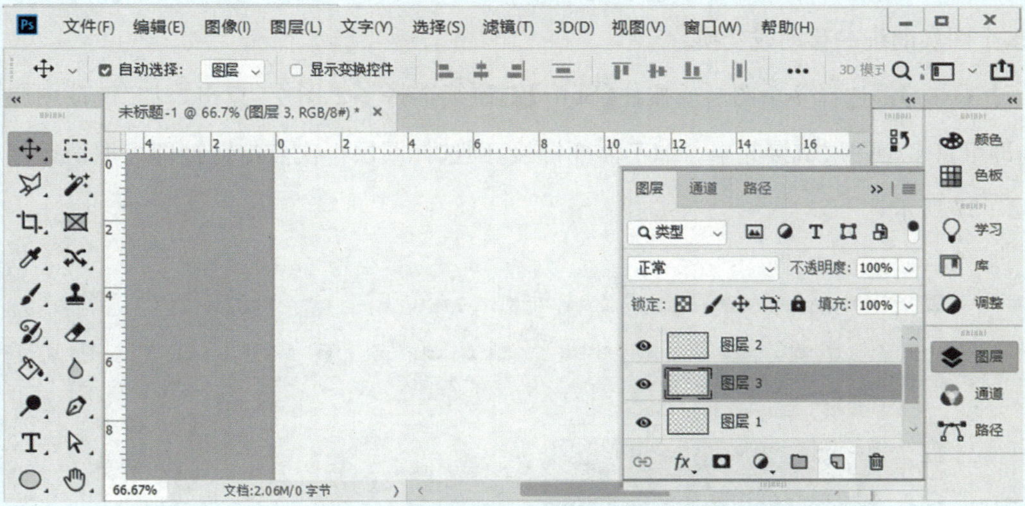

图 2－36　创建新图层

2.7.2　重命名图层

双击图层面板中图层的名称，输入图层名称即可重命名图层。在制图的过程中，很可能会有很多个图层需要操作，养成图层命名的习惯，有利于后续工作的开展；图层命名清晰，能方便查找所需的图层进行操作。

2.7.3 调整图层顺序

图层是有顺序的，上面的图层会覆盖下面的图层。平时制图过程中，需要对图层的顺序进行调整。调整图层顺序的方法主要有以下两种：

1. 选择图层，按住鼠标左键拖动图层至上方或下方，图层顺序就会变动。

2. 选择图层，按快捷键【Ctrl＋“[”】可以向下移动图层，按快捷键【Ctrl＋“]”】可以向上移动图层；有时候图层特别多，需要把图层调整到最顶端或最底端，用拖动调整图层顺序会比较麻烦，此时可使用【Ctrl＋Shift＋“[”】组合键移动图层至最底端，使用【Ctrl＋Shift＋“]”】组合键移动图层至最顶端。

2.7.4 图层链接

图层面板上第一个按钮 就是“链接图层”。顾名思义就是用链子把图层连接起来，方便多个图层的统一移动或变换。

按【Ctrl】键选择多个图层或按住【Shift】键连续选择多个图层，点击添加“链接图层”按钮，即可将多个图层链接起来。如不需要链接，则选择图层再次点击链接即可取消链接，如图 2－37 所示。

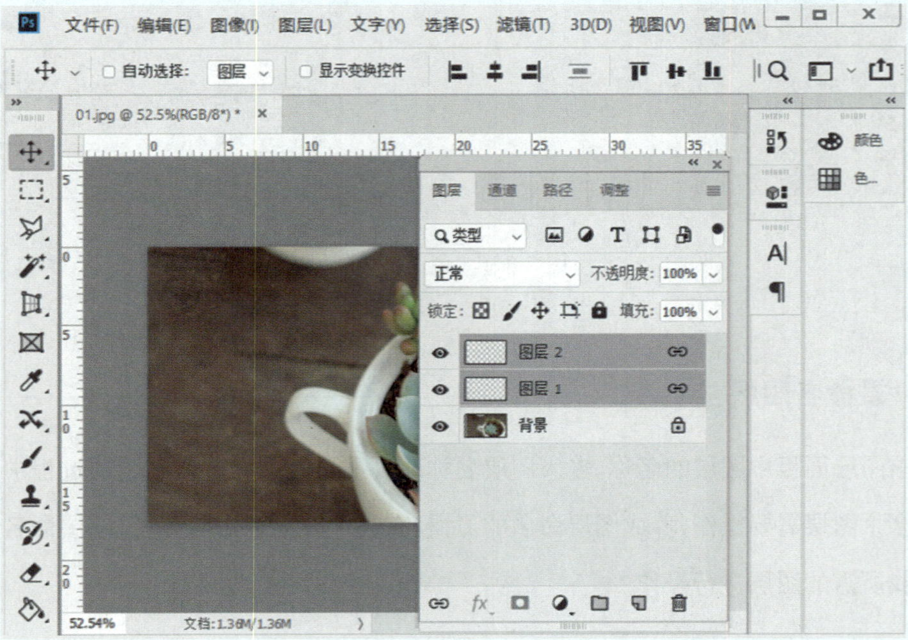

图 2－37 链接图层

2.7.5　锁定图层

在图层制作完毕后，为了防止后期的失误操作，通常需要将图层进行锁定。锁定图层主要分为锁定图像像素、锁定透明像素、锁定位置、锁定全部。

锁定图像像素后，工具箱中图像的绘制以及编辑工具（填充、加深、减淡工具）都不可用。锁定透明像素的前提是该图层须为普通图层；如果是形状图层，则该按钮显示灰色，不能进行锁定，此时可将形状图层栅格化为普通图层后再锁定。锁定位置后，将不能移动图层的位置。锁定全部是对前面像素、透明像素和位置等的全部锁定，锁定后只能浏览图层，而不能进行任何的操作命令。如需操作，再次点击“锁定”按钮🔒即可解除锁定。如图 2－38 所示。

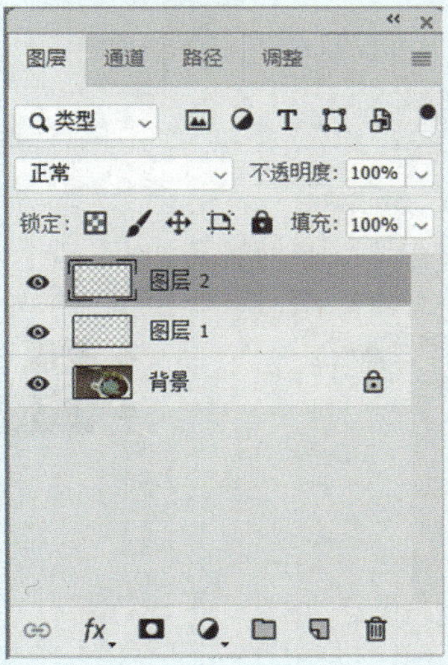

图 2－38　锁定图层

2.7.6　复制图层

在制图的过程中，为了保护原始图层不被破坏，一般都会先复制原始图层，在副本上进行操作。复制图层有以下三种方法。

1. 使用菜单栏中的【图层】→【复制图层】，弹出对话框进行复制图层，此时可设置复制到当前文档或者新建文档中。如图 2－39 所示。

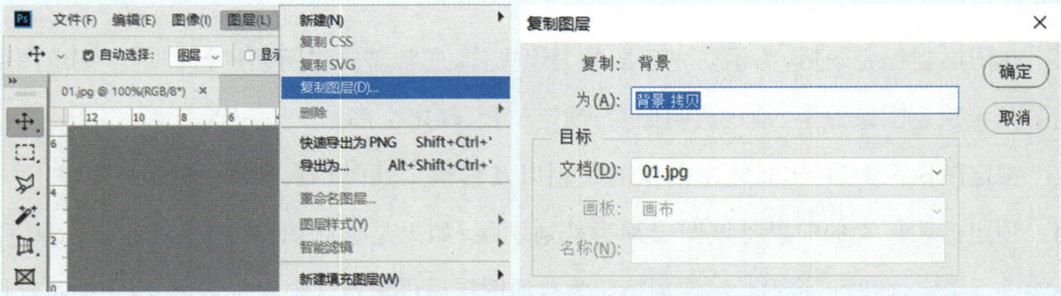

图 2－39　通过图层菜单复制图层

2. 使用图层面板复制图层。选择需要复制的图层，单击并按住鼠标左键拖动至图层面板下方的“创建新图层”按钮上，可以复制所选图层，如图 2－40 所示。也可以选中所需要复制的图层，点击鼠标右键，在弹出的菜单中选择“复制图层”实现复制。

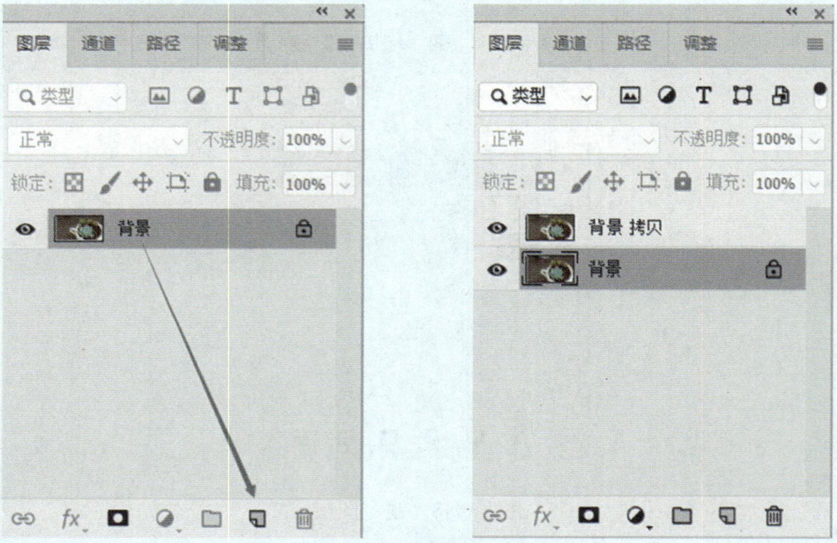

图 2－40　通过拖动方式复制图层

3. 使用快捷键复制图层。选中所需复制的图层，按下快捷键【Ctrl＋J】组合键，即可实现快速复制图层。

2.7.7　删除图层

如需删除图层，可以选中将要删除的图层，点击鼠标右键，在弹出菜单中选择“删除图层”。或选中图层，点击图层面板底部像垃圾桶一样的按钮即可删除图层。或者直接把图层拖到“删除图层”按钮上，也可删除该图层。删除的时候会弹出相应的删除对话框，根据需要选择“是”或“否”即可，如图 2－41 所示。

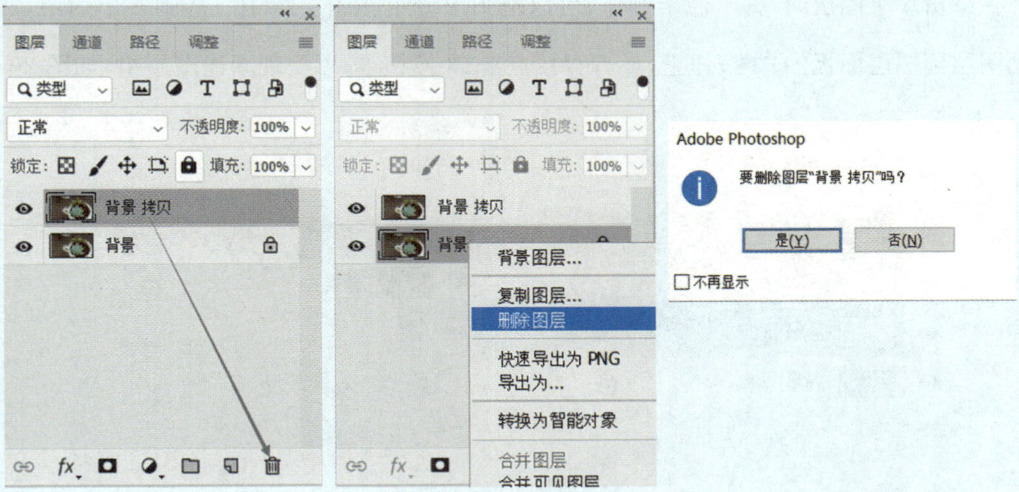

图 2－41　删除图层

也可以选中所需删除的图层，直接按快捷键【Delete】即可删除该图层。

2.7.8　显示与隐藏图层

如需隐藏图层，可以直接选中所需隐藏的图层，点击图层面板左侧的眼睛图标 ，使眼睛图标不可见，即可隐藏该图层。如需显示，再次点击即可。

按住【Alt】键的同时，点击所选图层左侧的眼睛图标 ，此时，图层控制面板中只显示该图层，其余图层都被隐藏。

2.7.9　合并与盖印图层

1. 合并图层：合并图层就是把多个图层的效果合并在一个图层上。合并图层的方法如下：在图层面板上，选择需要合并的多个图层，点击右键，选中合并图层即可完成合并。或者按合并图层快捷键【Ctrl＋E】也可执行合并。在没有选中多个图层的情况下，执行快捷键【Ctrl＋E】，会逐一向下合并图层。合并所见的所有图层，也可执行快捷键【Shift＋Ctrl＋E】命令。

2. 盖印图层：盖印图层可以在保留原图层的情况下，将选定的图层合并为一个新的图层。盖印图层的快捷键为【Alt＋Ctrl＋E】。

2.7.10 图层组操作

在编辑多个图层时，为了便于操作，可以把图层分组在图层组中。选中多个图层，然后拖动图层到图层面板的 按钮上，或者直接点击 按钮，即可实现新建图层组，如图 2－42 所示。

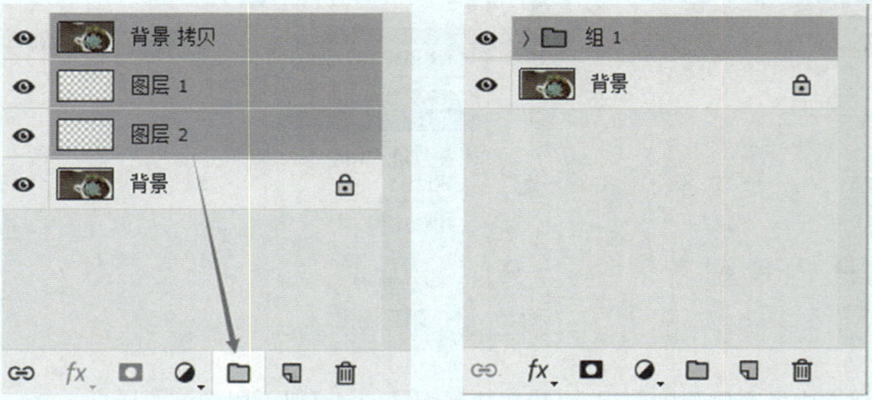

图 2－42　图层组操作

也可以选中所需分组的图层，直接按快捷键【Ctrl＋G】快速成组。

2.7.11 图层对齐

Photoshop 软件支持多个图层的对齐。如需对齐多个图层，在选中多个图层的情况下，可点击移动工具 ，在工具属性栏中会出现图层的对齐方式。对齐方式有以下几种：顶对齐、垂直居中对齐、底对齐、左对齐、右对齐、水平居中对齐，如图 2－43 所示。选择相对应的按钮即可实现自动对齐。

图 2－43　图层对齐方式

左对齐：从每个图层的左端像素开始，间隔均匀地分布图层。

水平居中对齐：从每个图层的水平中心开始，间隔均匀地分布图层。

右对齐：从每个图层的右端像素开始，间隔均匀地分布图层。

垂直分布：在图层之间均匀分布垂直间距。

顶对齐：从每个图层的顶端像素开始，间隔均匀地分布图层。

垂直居中对齐：从每个图层的垂直中心像素开始，间隔均匀地分布图层。

底对齐：从每个图层的底端像素开始，间隔均匀地分布图层。

水平分布：在图层之间均匀分布水平间距。

课堂练习——对齐与分布图层

【学习目标】学习对齐图层与分布图层的方法。

【知识要点】按住【Ctrl】键或者【Shift】键，选取多个图层，点击工具箱中的移动工具✥，单击工具属性栏中的对齐与分布按钮。最终效果如图 2－44 所示。

图 2－44　最终效果图

【效果图所在位置】配套素材\模块 2\课堂练习\最终效果\02 对齐与分布图层(效果).psd

1. 打开 Photoshop 软件，按快捷键【Ctrl＋O】，打开“配套素材\模块 2\课堂练习\原始素材\02 对齐与分布图层\01 素材.psd”文件，在图层面板上，按住【Ctrl】键或【Shift】键，选取“图层 1”至“图层 3”三个图层。点击工具箱中的移动按钮✥。如图 2－45 所示。

图 2－45　选中三个图层

2. 点击工具属性栏中的垂直居中对齐按钮，它会以从每个图层的垂直中心像素开始，间隔均匀地分布图层，如图 2－46 所示。

图 2－46　垂直居中对齐图层

3. 点击工具属性栏中的水平分布按钮，它会在图层之间均匀分布水平间距，达到最终效果，如图 2－47 所示。

图 2－47　水平分布图层

2.7.12　图层混合模式

图层混合模式决定当前图层中的像素与其下面图层中的像素以何种模式进行混合。简单地说，图层混合模式就是指当前图层与其下面图层的色彩叠加方式。它是美工设计中最为常用的一种技术手段。通过图层混合模式，可以创建出各种图层特效。根据各混合模式的基本功能不同，图层混合模式共计 27 个，可分为 6 类：基础模式、变暗模式、变亮模式、饱和度模式、差集模式、颜色模式。如表 2－1 所示。这 6 类混合模式中，同类的很多效果都非常相近，但由于计算方法的不同，得出的结果略有区别。

扫码观看视频

表 2－1　图层混合模式

图层混合模式	类别	功能或算法
正常、溶解	基础模式	正常或颗粒化效果
变暗、正片叠底、颜色加深、线性加深、深色	变暗模式	去掉亮部、暗部混合
变亮、滤色、颜色减淡、线性减淡（添加）、浅色	变亮模式	去掉暗部、亮部混合
叠加、柔光、强光、亮光、线性光、点光、实色混合	饱和度模式	去掉中性灰、亮暗部混合
差值、排除、减去、划分	差集模式	颜色反相后混合
色相、饱和度、颜色、明度	颜色模式	混合纯度、明暗度等

①基础模式

正常：上、下图层间的混合与叠加关系根据上方图层的“不透明度”及“填充”数值而定。如果上方图层的“不透明度”参数为 100%，则完全覆盖下方图层；随着上方图层的“不透明度”值的降低，下方图层会越来越清晰。

溶解：此混合模式用于当图层中的图像出现透明像素的情况下，依据图像中透明像素的数量显示出颗粒化效果。

②变暗模式

变暗:将上、下两个图层图像的像素进行比较,以上方图层中的较暗像素代替下方图层中与之相对应的较亮像素,且下方图层中的较暗像素代替上方图层中的较亮像素,混合后整体图像变暗。

正片叠底:将上、下两个图层中的颜色相乘并除以255,最终得到的颜色比上、下两个图层中的颜色都要暗一些。在此混合模式中,使用黑色描绘能够得到更多的黑色,而使用白色描绘则无效。

颜色加深:此混合模式可以加深图像的颜色,通常用于创建非常暗的阴影效果,或者降低图像局部的亮度。

线性加深:查看每一个颜色通道的颜色信息,加暗所有通道的基色,并通过提高其他颜色的亮度来反映混合颜色。此混合模式对于白色无效。

深色:依据图像的饱和度,使用当前图层中的颜色直接覆盖下方图层中暗调区域的颜色。

③变亮模式

变亮:以上方图层中较亮的像素代替下方图层中与之相对应的较暗的像素,且下方图层中较亮的像素代替上方图层中较暗的像素,因此叠加后整体图像呈亮色调。

滤色:在整体效果上显示出由上方图层及下方图层中较亮的像素合成的图像效果,通常用于显示下方图层中的高光部分。

颜色减淡:可以生成非常亮的合成效果,其原理为将上方图层的像素值与下方图层的像素值以一定的算法进行相加。此混合模式通常被用来制作光源中心点极亮的效果。

线性减淡(添加):此混合模式基于每一个颜色通道的颜色信息来加亮所有通道的基色,并通过降低其他颜色的亮度来反映混合颜色。此混合模式对于黑色无效。

浅色:与“深色”混合模式刚好相反,选择此混合模式,可以依据图像的饱和度,使用当前图层中的颜色直接覆盖下方图层中高光区域的颜色。

④饱和和度模式

叠加:图像的最终效果取决于下方图层中的图像内容,但上方图层中的明暗对比效果也直接影响到整体效果,叠加后下方图层中的亮调区域与暗调区域仍被保留。

柔光:根据上、下图层中的图像内容,使整体图像的颜色变亮或者变暗,具体变化程度取决于像素的明暗程度。如果上方图层中的像素比50%灰度亮,则图像变亮;反之,则图像变暗。

强光：此混合模式的叠加效果与“柔光”类似，但其加亮与变暗的程度较“柔光”混合模式强烈许多。

亮光：如果混合色比50%灰度亮，则图像通过降低对比度来使图像变亮；反之，通过提高对比度来使图像变暗。

线性光：如果混合色比50%灰度亮，则图像通过提高对比度来使图像变亮；反之，通过降低对比度来使图像变暗。

点光：此混合模式通过置换颜色像素来混合图像，如果混合色比50%灰度亮，比原图像暗的像素会被置换，而比原图像亮的像素则无变化；反之，比原图像亮的像素会被置换，而比原图像暗的像素无变化。

实色混合：选择此混合模式，可以创建一种具有较硬边缘的图像效果，类似于多块实色相混合。

⑤差集模式

差值：从上方图层中减去下方图层中相应处像素的颜色值。

排除：创建一种与“差值”混合模式相似，但对比度较低的效果。

减去：使用上方图层中亮调的图像隐藏下方的内容。

划分：在上方图层中加上下方图层相应处像素的颜色值，通常用于使图像变亮。

⑥颜色模式

色相：图像最终的像素值由下方图层的亮度值与饱和度值及上方图层的色相值构成。

饱和度：图像最终的像素值由下方图层的亮度值与色相值及上方图层的饱和度值构成。

颜色：图像最终的像素值由下方图层的亮度值及上方图层的色相值与饱和度值构成。

明度：图像最终的像素值由下方图层的色相值与饱和度值及上方图层的亮度值构成。

课堂练习——图层混合模式滤色

【学习目标】学习图层混合模式滤色的使用方法。

【知识要点】滤色效果是将上方图层与下方图层中较亮像素合成，通常用于显示下方图层中的高光部分，即去掉混合色像素的暗部，与基色像素进行混合，效果如图2-48所示。

图 2－48　最终效果图

【效果图所在位置】配套素材\模块 2\课堂练习\最终效果\03 图层混合模式滤色(效果).psd

1. 打开 Photoshop 软件，按快捷键【Ctrl＋O】，选择“配套素材\模块 2\课堂练习\原始素材\03 图层混合模式滤色\01 光斑.jpg 及 02 背景.jpg”两个文件。

2. 选择“01 光斑”文件，用“移动”工具点击图像中任意位置，按住鼠标左键把该图像拖到“02 背景.jpg”文件中。

或者选择“01 光斑”文件，执行快捷键【Ctrl＋A】全选，快捷键【Ctrl＋C】复制命令。选择“02 背景”文件，执行快捷键【Ctrl＋V】粘贴命令，即可在“02 背景”文件中新建一个图层 1，如图 2－49 所示。

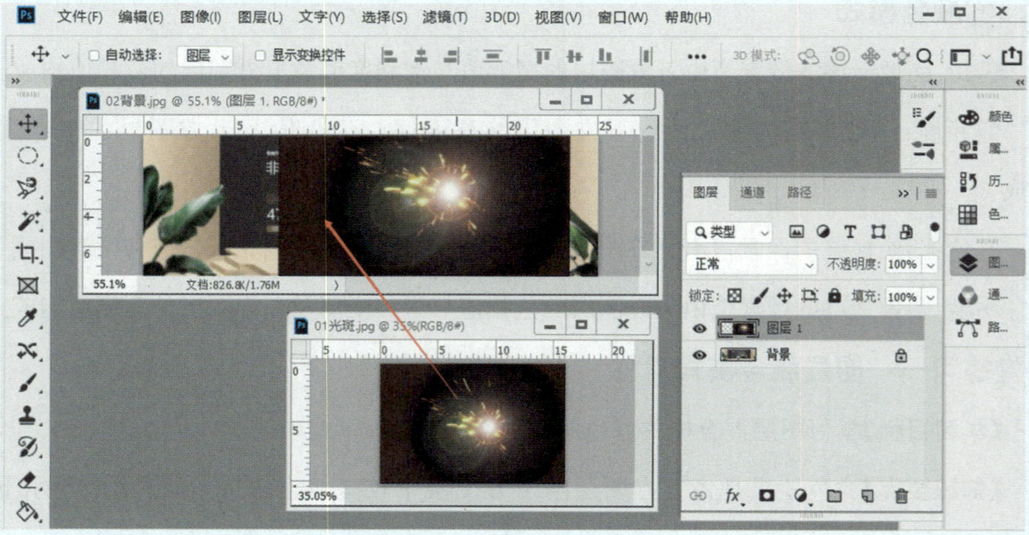

图 2－49　拖动素材文件

3. 选中“图层 1”，更改图层混合模式为滤色模式，即可得到图层混合的颜色效果，如图 2－50所示。

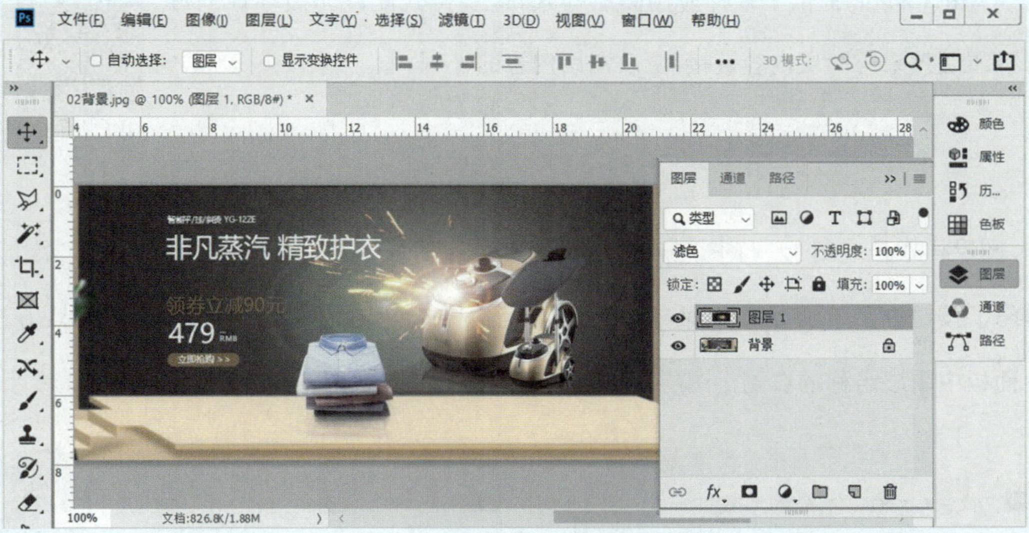

图 2－50　更改图层混合模式为滤色模式

4. 选中“图层 1”，执行快捷键【Ctrl＋T】自由变换命令，拖动图像控制柄调整“图层 1”至合适大小，即可完成最终效果图制作，如图 2－51 所示。

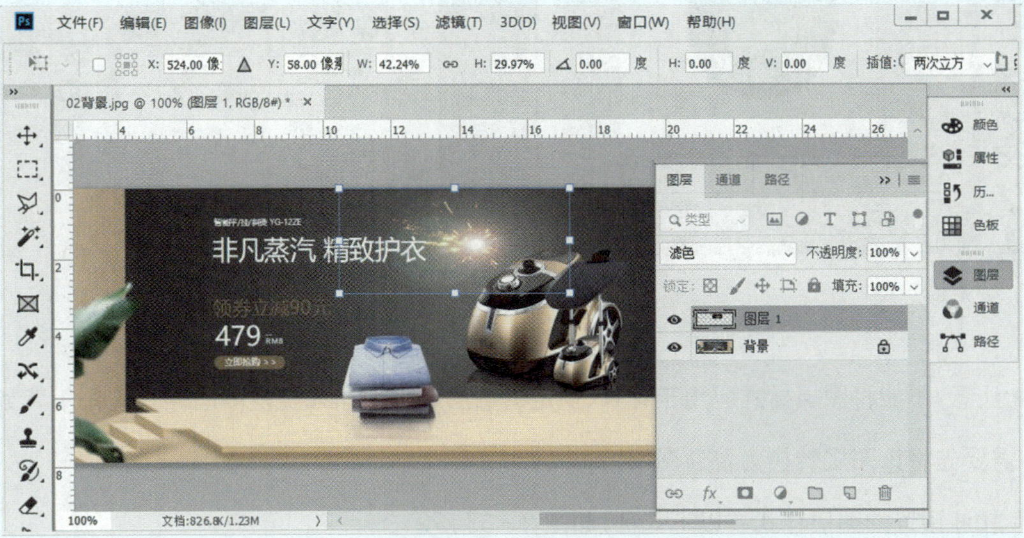

图 2－51　自由变换图像

2.7.13 应用图层样式

Photoshop 提供了多种应用图层样式，这些样式能以非破坏性的方式（图层效果与图层内容链接）更改图层内容的外观。

扫码观看视频

图层样式是应用于一个图层或图层组的一种或多种效果。可以点击图层面板“添加图层样式”按钮 fx，在弹出的对话框中创建自定义样式。“图层效果”图标 fx 将出现在“图层”面板中图层名称的右侧。图层样式可以展开或折叠。如图 2-52 所示。

图 2-52　添加和展开图层样式

注意：不能将图层样式应用于背景、锁定的图层或组。如果要将图层样式应用于背景图层，需要先将该图层转换为普通图层。

软件预置的图层样式有以下几种，如图 2-53 所示。

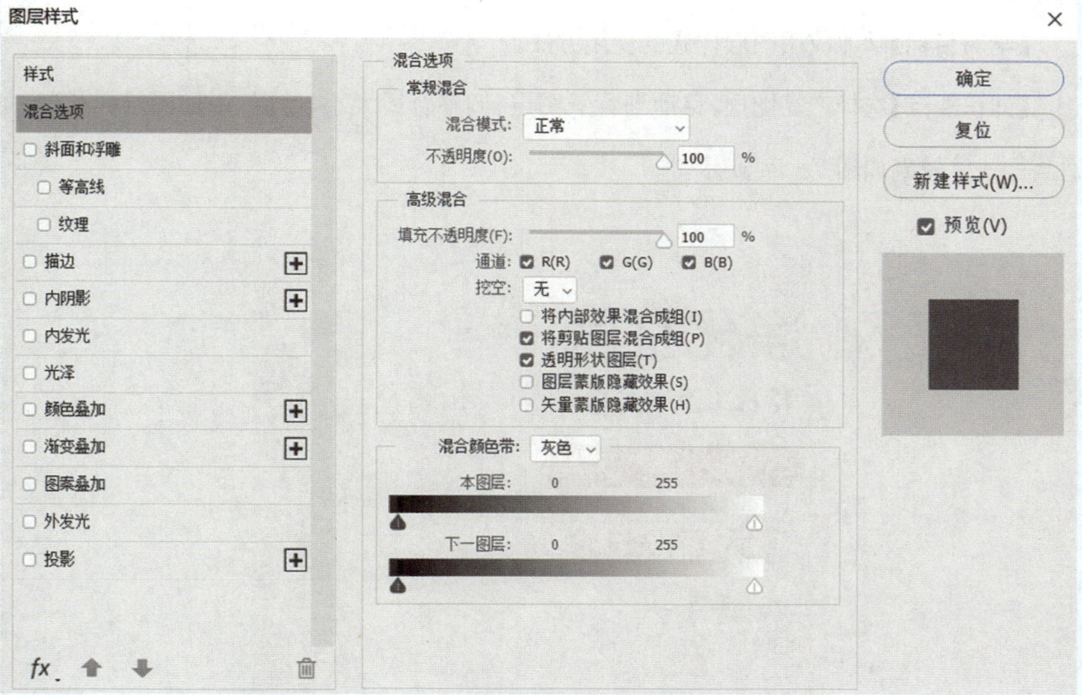

图 2－53　预置的图层样式

混合模式：确定图层样式与下层图层（可以包括也可以不包括现用图层）的混合方式。

斜面和浮雕：对图层添加高光与阴影的各种组合。

等高线：在斜面和浮雕中，可以使用“等高线”勾画在浮雕处理中被遮住的起伏、凹陷和凸起。

纹理：应用一种纹理。使用“缩放”来缩放纹理的大小。

描边：使用颜色、渐变或图案在当前图层上描画对象的轮廓。

内阴影：紧靠在图层内容的边缘内侧添加阴影，使图层具有凹陷外观。

外发光：添加从图层内容的外部边缘发出的光。

内发光：添加从图层内容的内部边缘发出的光。

光泽：应用可创建光滑光泽的内部阴影。

颜色叠加：用颜色填充图层内容。

渐变叠加：用渐变色填充图层内容。

图案叠加：用预设或自定义的图案填充图层内容。

投影：在图层内容的后面添加阴影。

课堂练习——制作空气净化器主图

【学习目标】学习应用图层样式的使用方法。

【知识要点】选择产品图层，移动到背景图层，调整合适大小，使用"添加图层样式"添加适当样式。效果如图 2－54 所示。

图 2－54　最终效果图

【效果图所在位置】配套素材\模块 2\课堂练习\最终效果\04 制作空气净化器主图(效果). psd

1. 打开 Photoshop 软件，按快捷键【Ctrl＋O】，选择"配套素材\模块 2\课堂练习\原始素材\04 制作空气净化器主图\01 素材. png 及 02 背景. jpg"两个文件。

2. 选择"01 素材"文件，执行快捷键【Ctrl＋A】全选，快捷键【Ctrl＋C】复制命令。选择"02 背景"文件，执行快捷键【Ctrl＋V】粘贴命令，即可在"02 背景"文件中新建一个"图层 1"。

3. 选择“图层 1”，执行快捷键【Ctrl+T】自由变换命令，如图 2－55 所示。调整完后按回车键确认。

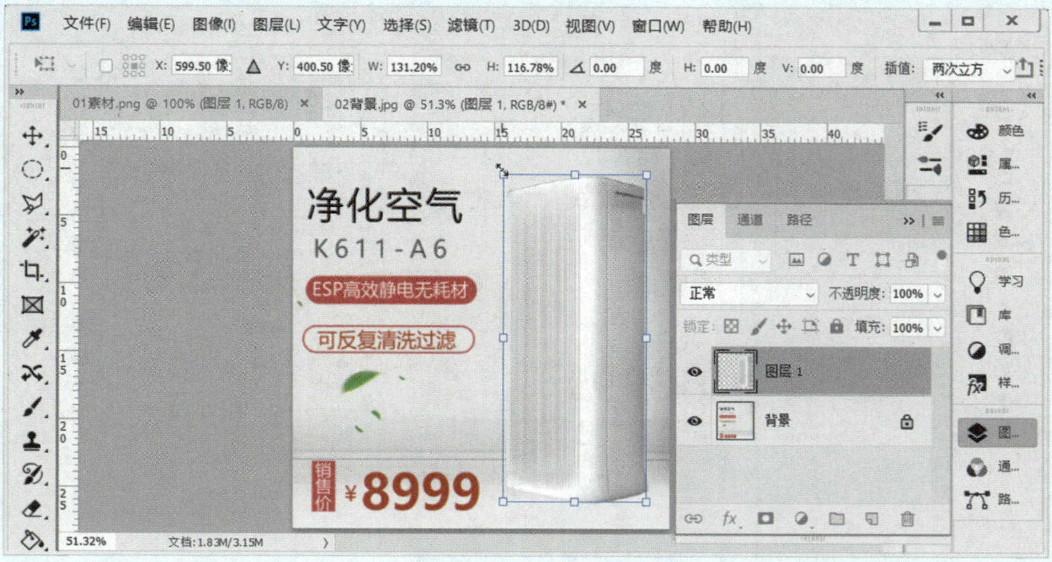

图 2－55　自由变换

4. 点击图层面板上的“添加图层样式”按钮 fx，选择“投影”，在弹出的对话框中，设置角度为 120 度，适当更改距离、扩展、大小的参数，如图 2－56 所示。

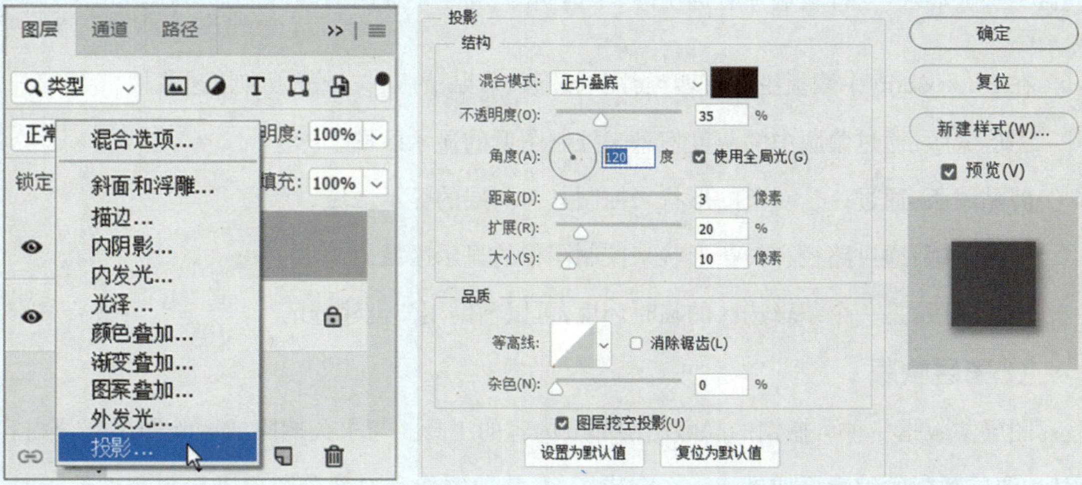

图 2－56　设置投影参数

5. 设置完成后，点击“确定”按钮，即可实现最终效果图，如图 2－57 所示。

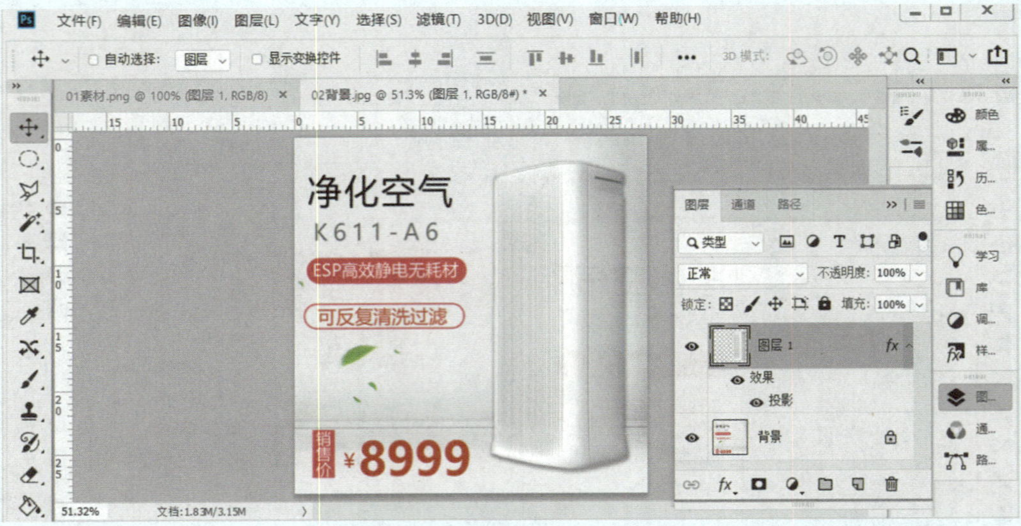

图 2－57　最终效果图

2.7.14　图层蒙版

图层蒙版是 Photoshop 中一项非常重要的功能，通过图层蒙版可以显示、半显示、隐藏当前图层。通俗地说，图层蒙版就是在当前图层上覆盖一层玻璃片，这种玻璃片有透明的、半透明的、完全不透明的等。

扫码观看视频

在 Photoshop 中蒙板主要有四类：图层蒙版、剪贴蒙版、矢量蒙版和快速蒙板。

图层蒙版：通过蒙版中的灰度信息来控制图像的显示区域。

剪贴蒙版：通过一个对象的形状来控制其他图层的显示区域。

矢量蒙版：通过路径和矢量形状来控制图像的显示区域。

快速蒙版：是一个编辑选区的临时环境，可以辅助用户创建选区。

①图层蒙版

图层蒙版是一种可撤销的隐藏图层部分内容的工具。与永久擦除或删除图层部分内容相比，图层蒙版的编辑更加灵活。在合成图像、裁剪图像和对部分图层进行限制性编辑时，常常会用到图层蒙版。

图层蒙版只能添加黑色、白色或灰色。在图层蒙版上涂黑色会隐藏包含蒙版的图层，此时可以看到下个图层的内容。在图层蒙版上涂灰色会部分隐藏包含蒙版的图层。在图层蒙版上涂白色会完全显示包含蒙版的图层。如图 2－58 所示。

图 2－58　图层蒙版

创建图层蒙版的方法如下。

在图层面板中选择需要建立蒙板的图层。点击面板底部的“添加图层蒙版”按钮 。所选图层上会显示一个白色的图层蒙版缩略图，显示所选图层上的所有内容。如图 2－59 所示。

如需创建黑色蒙板，可按住【Alt】键点击面板下面的“添加图层蒙版”按钮 ，可快速为蒙板添加黑色。

如需在蒙板上添加颜色，可点击“图层蒙版缩略图”，如四周有线框则表示选中，此时可利用各种绘图工具在图像上添加颜色。如图 2－60 所示。也可以利用工具箱中的“渐变工具” 为蒙板添加渐变颜色。

按住【Alt】键点击图层蒙版缩略图可打开图层蒙版，如图 2－61 所示。

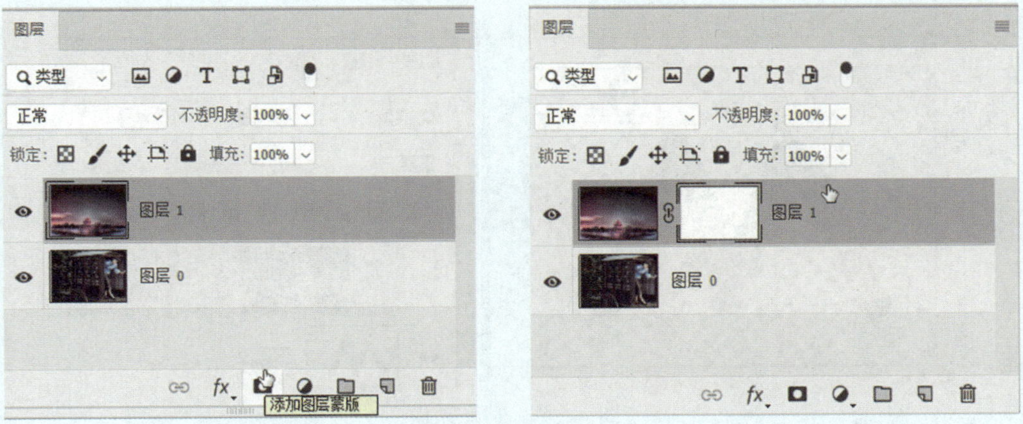

图 2－59　添加图层蒙版

图 2－60　向图层蒙版中添加颜色

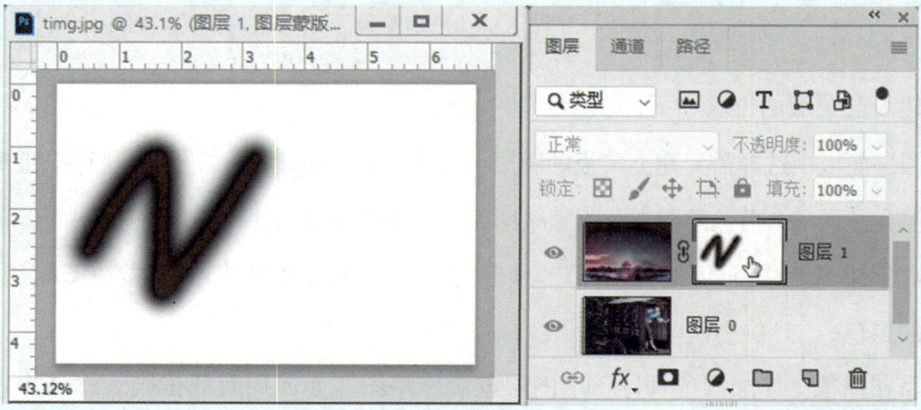

图 2－61　打开图层蒙版

②剪贴蒙版

剪贴蒙版可使用某个图层的内容来遮盖其上方的图层。通过使用剪贴蒙板，可让处于下方图层的形状来限制上方图层的显示状态，达到一种剪贴画的效果。如图 2－62 所示。

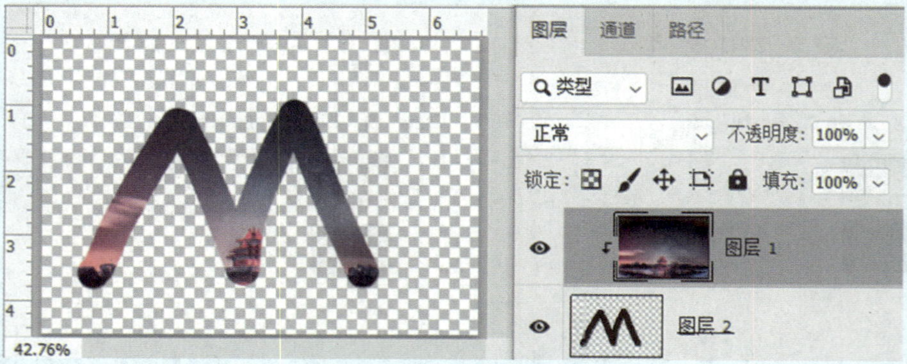

图 2－62　剪贴蒙板

新建剪贴蒙板，可通过以下三种方法实现。

选中图层，点击菜单栏中的【图层】→【创建剪贴蒙版】，或者按下快捷键【Alt＋Ctrl＋G】

即可创建剪贴蒙版。

选中图层，在图层缩略图的后面（不要把鼠标放到图层缩略图上）单击鼠标右键，选择“创建剪贴蒙版”即可创建剪贴蒙版。

按住【Alt】键，把鼠标放在图层面板上两个图层中间的间隙线处，此时鼠标会变成  形状，单击鼠标左键，即可创建剪贴蒙板。

如需释放剪贴蒙板，可在图层面板上，剪贴蒙板图层处单击右键，点击“释放剪贴蒙板”，即可将剪贴蒙板转换为普通图层。

③矢量蒙版

矢量蒙版是从图层内容中剪下来的路径。可使用钢笔工具或形状工具创建矢量蒙版。

添加显示或隐藏整个图层的矢量蒙版，可通过以下方式实现。

在“图层”面板中，选择要添加或隐藏矢量蒙版的图层。若要创建显示整个图层的矢量蒙版，可点击菜单栏中的【图层】→【矢量蒙版】→【显示全部】或【隐藏全部】。

添加显示形状内容的矢量蒙版，可通过以下方式实现。

在图层面板中，选择要添加矢量蒙版的图层。选择一条路径或使用某一种形状或钢笔工具绘制工作路径。

点击菜单栏中的【图层】→【矢量蒙版】→【当前路径】，即可为图层创建矢量蒙板，如图 2-63 所示。

图 2-63　创建矢量蒙板

④快速蒙版

新建快速蒙板，可单击工具箱中的“以快速蒙板编辑”按钮 ，此时按钮会变成 ，即可进入快速蒙板状态。或者直接按快捷键【Q】可进入或退出快速蒙板状态。

在快速蒙版编辑模式下，操作不会影响原有图像，只会生成相应选区。在快速蒙板编辑模式下，图层面板的图层会呈红色透明色状态，同时在通道面板生成一个快速蒙板通道。如图 2-64 所示。

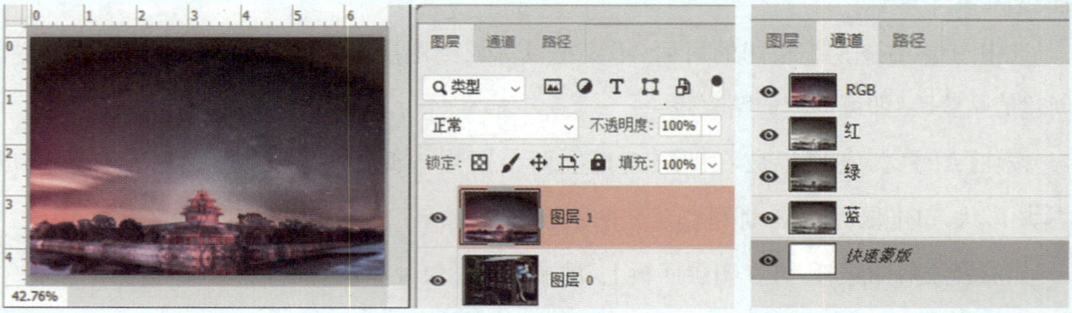

图 2－64　快速蒙板编辑模式

此时，可用画笔等工具在图像上进行涂抹。涂抹时会留下红色透明区域，这些区域就是需要建立的选区。退出快速蒙板状态时，涂抹的位置会变成反选的选区。非涂抹的位置会变成选区。如图 2－65 所示。

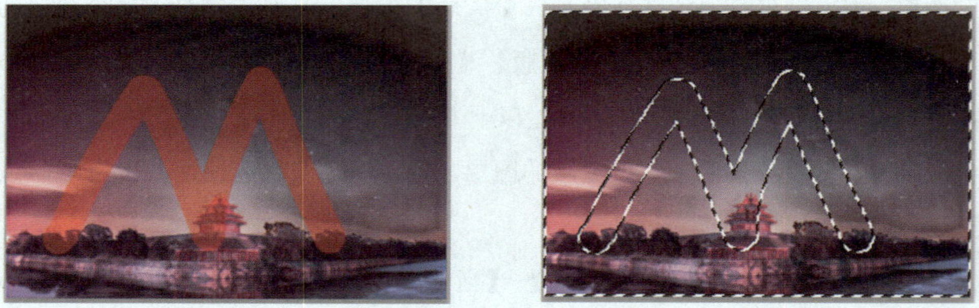

图 2－65　使用快速蒙板建立选区

2.8　课后练习——制作花瓶贴画

【知识要点】利用正片叠底完成贴画，执行变形命令，即可完成效果图制作。

【素材所在位置】配套素材\模块 2\课后练习\原始素材\01 制作花瓶贴画。

【效果图所在位置】配套素材\模块 2\课后练习\最终效果\01 制作花瓶贴画(效果).psd，如图 2－66 所示。

图 2－66　制作花瓶贴画

模块3

网店美工设计的图像选取

模块介绍

本模块主要介绍网店美工设计的图像选取。在网店美工设计的过程中，经常需要把主体图像选取出来，搭配上不同的场景图，以突显商品的卖点，因此图像的选取尤为重要。本模块将介绍利用选框工具、多边形套索工具、磁性套索工具、快速选择工具、橡皮擦工具、路径工具、色彩范围、蒙板、通道等工具选取图像的方法或技巧。通过本模块的学习，读者可以掌握网店美工设计图像选取的方法或技巧，了解通道、蒙板、路径等概念及操作原理。

学习目标

知识目标

- 了解网店美工设计的图像选取的重要性；
- 了解通道、蒙板、路径等概念及操作原理。

技能目标

- 掌握选框工具选取图像的技巧；
- 掌握多边形套索工具选取图像的技巧；
- 掌握磁性套索工具选取图像的技巧；
- 掌握快速选择工具选取图像的方法；
- 掌握橡皮擦工具选取图像的技能；
- 掌握路径工具选取图像的方法或技巧；
- 掌握色彩范围选取图像的方法；
- 掌握蒙板工具选取图像的方法；
- 掌握通道选取图像的方法或技巧。

素养目标

- 树立爱岗敬业意识；
- 树立精益求精的工匠精神；
- 树立团队合作意识。

3.1 规则图像选取

Photoshop CC 2019 提供了两个创建规则选区的工具组。不同的工具组中包含了多个创建规则选区的工具，下面逐一进行讲解。

扫码观看视频

3.1.1 选框工具

选框工具组 中有 4 个工具，分别为矩形选框工具、椭圆选框工具、单行选框工具、单列选框工具，方便用户快速创建各种规则选区。

1. 矩形选框工具：使用该工具可以在图像上创建一个矩形选区。

在工具箱中选择矩形选框工具或者按【M】键，在图像中拖动画出一块四周有流动虚线的区域，这样矩形选区就创建完成了，如图 3－1 所示。

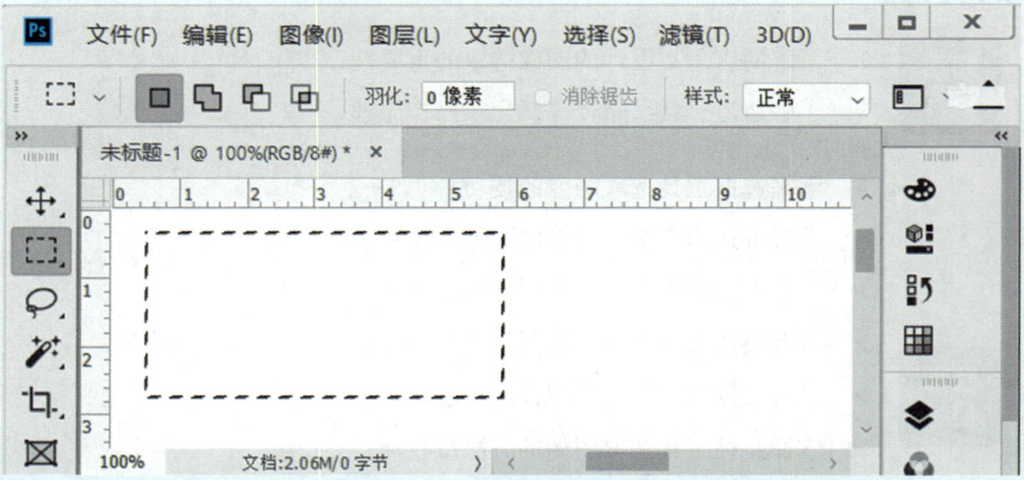

图 3－1　创建矩形选区

在选取过程中如果按【Esc】键将取消本次选取。创建完成后，如不需要选区，可按快捷键【Ctrl＋D】取消选区。如需移动选区，在选框工具选择状态下，把鼠标移动到选区内部，即可拖动选区。如需变换选区，点击鼠标右键，选择“变换选区”调整即可。

按住【Shift】键拖动鼠标，可创建正方形选区。

按住【Alt】键拖动鼠标，可从中心向四周创建矩形选区。

按住【Alt＋Shift】键拖动鼠标，可从中心向四周创建正方形选区。

选区创建完成后，还可以使用选框工具属性栏上的选区运算按钮来创建有两个以上基本选区组合构成的复杂选区。

新选区 ：新选区会替代原选区，相当于取消后重新选取。

添加到选区 ：新选区会与原选区相加。按住【Shift】键拖动鼠标亦可实现。

从选区减去 ：从原选区中减去新选区。按住【Alt】键拖动鼠标亦可实现。特别提示：新选区不能大于原选区，否则警告"未选择任何像素"。

与选区交叉 ：保留两个选区的相交部分。按住【Alt＋Shift】键拖动鼠标亦可实现。若没有相交部分，会警告"未选择任何像素"。

羽化：羽化就是使选定范围的图像边缘达到柔和的效果。羽化值越大，柔和范围越宽；羽化值越小，柔和范围越窄。

2. 椭圆选框工具：选择椭圆选框工具，在图像上拖动鼠标，可以创建椭圆选区。方法原理与矩形选框工具一致。

3. 单行选框工具和单列选框工具：使用单行选框工具和单列选框工具能创建1像素宽的单行和单列的选区。

课堂练习——制作营养粥海报

【学习目标】学习椭圆选框及羽化的使用方法。

【知识要点】使用椭圆选框工具，选择反向，设置羽化值，删除选区。最终效果如图3－2所示。

图3－2　最终效果图

【效果图所在位置】配套素材\模块 3\课堂练习\最终效果\01 制作营养粥海报(效果).psd

1. 打开 Photoshop 软件，双击活动窗口，选择“配套素材\模块 3\课堂练习\原始素材\01 制作营养粥海报\01 素材. png 与 02 背景. png”两个文件。选择“01 素材”文件，用移动工具点击图像任意位置，按住鼠标左键把图像拖到“02 背景”文件中，在“02 背景”文件中新建图层 2，如图 3－3 所示。

图 3－3 拖动素材文件

2. 选择“椭圆”工具，设置羽化值为 5 像素，按住【Shift】键为“01 素材”创建正圆选区，注意选区区域稍微大于素材中圆盘的边缘，如图 3－4 所示。

图 3－4 创建选区及设置羽化

3. 点击鼠标右键“选择反向”执行反向命令，如图 3－5 所示。

图 3－5　选择反向

4. 按键盘上的【Delete】键删除选区内的图像，如图 3－6 所示。

图 3－6　删除选区内图像

5. 点击鼠标右键“取消选择”，或者按快捷键【Ctrl＋D】取消选区，即可实现最终效果图，如图 3－7 所示。

图 3－7　取消选区

3.1.2 多边形套索工具

“多边形套索工具”是“套索工具组”中的一个工具，使用它能够实现对边缘呈线段形的规则图像的选取，可以制作出非常复杂而精确的选区。使用方法为：

1. 在工具箱中选中“多边形套索工具”。

2. 在需要定义的选取框边缘，单击鼠标，拖拽鼠标到另一点，单击鼠标，定义一条直线。继续这样的操作，把鼠标移动到“开始处”位置，鼠标将变成形状，此时单击鼠标，即可定义整个选框。也可在最后一个点处双击鼠标，软件将自动连接首尾两点，定义选框，如图 3－8所示。

图 3－8 多边形套索工具

提示：在操作过程中，如操作失误，需要退回上一步，可按【Backspace】键或者【Delete】键回退到上一步。按【Esc】键直接取消绘制。

3.2　不规则图像选取

在网店美工设计的过程中，往往需要选取复杂的商品图或进行模特人像抠图，这时候就需要用到不规则图像选取的工具，如磁性套索工具、快速选择工具、橡皮擦工具、钢笔工具、色彩范围命令、蒙板、通道等。下面将逐一介绍这些工具或命令的使用原理及方法。

3.2.1　磁性套索工具

“磁性套索工具”是“套索工具组”中的一个工具。此工具一般用于色差比较大的图像选取。

扫码观看视频

该工具像磁铁一样具有吸附功能。选择磁性套索工具，将光标移动到图像中需要选取的起始位置处单击确定起点，再沿着需要选取的图像边缘移动鼠标，会出现一条自动跟踪线，这条线总是沿着颜色与颜色边界处绘制。当鼠标回到起点时，磁性套索工具的小图标右下角会出现一个小圆圈，此时点击鼠标左键会形成一个封闭的选区，如图 3－9 所示。

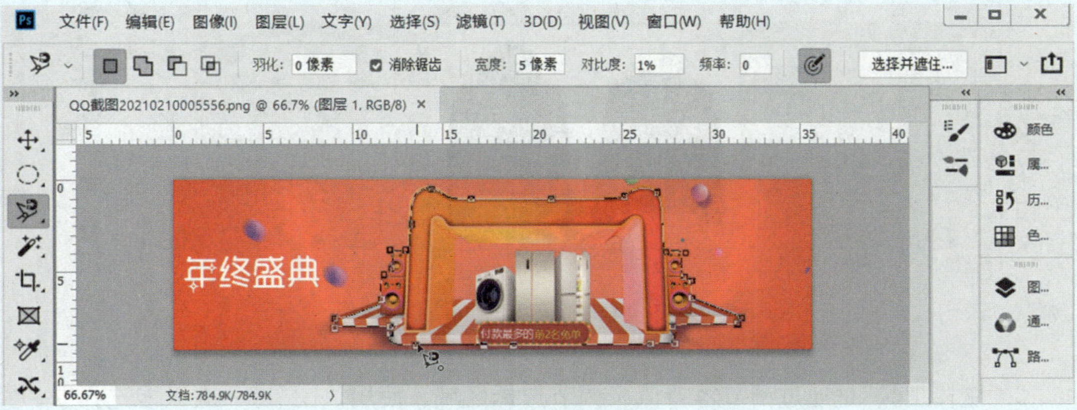

图 3－9　磁性套索工具

使用磁性套索工具时，设置工具属性栏中的参数，会对工具的选取有一定影响。

宽度：可输入 1～256 的数值，对于给定的数值，磁性套索工具将以当前用户鼠标所处的点为中心，以此数值为宽度范围，在此范围内寻找对比强烈的边界点作为选界点。

对比度：控制磁性套索工具选取图像时边缘的反差。可以输入 1%～100%之间的数值，输入的数值越高则磁性套索工具对图像边缘的反差越大，选取的范围也就越准确。

频率：可输入 0～100 之间任一数值，数值越高则插入的定位锚点就越多，反之定位锚点就越少。

提示：当发现套索偏离了图像边缘时，可以按【Delete】键或【Backspace】键删除最后一个锚点，并单击鼠标左键，手动产生一个锚点固定浮动的套索。

3.2.2 快速选择工具

"快速选择工具"组，包括"快速选择工具"和"魔棒工具"。利用快速选择工具，可以选取较为复杂的主体或背景颜色较为单一的主体。快速选择工具和魔棒工具的区别如下。

扫码观看视频

1."快速选择工具"是通过调节画笔的大小来控制选择区域的大小，简单来说就是可以"画"出选区，如图 3－10 所示。添加到选区、从选区中减去的操作与选框工具一致。

图 3－10　利用快速选择工具选取图像

2."魔棒工具"是通过调节容差值来调节选择区域。使用该工具，一次只能选择"一片"区域，如图 3－11 所示。如果想要选取相似的颜色区域，可先用"魔棒"选取某块颜色，再执行菜单栏里的【选择】→【选取相似】，或点击右键【选取相似】来实现。当然，颜色的选取会受到容差值的影响。

图 3 - 11　利用魔棒工作创建选区

在使用“魔棒工具”(如图 3 - 12 所示),以及“快速选择工具”(如图 3 - 13 所示)之前,需要先了解取样大小、容差、连续、对所有图层取样、自动增强等基本概念或原理。

图 3 - 12　魔棒工具属性栏

图 3 - 13　快速选择工具属性栏

取样大小:指选取像素的平均值。比如 3×3 平均,就是指 9 个像素的平均色值;5×5 平均,就是指 25 个像素的平均色值。

容差:取样点的色值和选择的色值之间的相差值数。数值越小,越容易选择与单击像素相似的颜色;数值越大,则可选择的颜色范围越广。取值范围为 0～255。

消除锯齿:用于消除某些图像的边缘粗糙的部分,使边缘平滑。

连续:勾选“连续”复选框后,只能在图像中选择相邻的同一种颜色的像素。未勾选该复选框时,则图像中同一种颜色的所有像素都将被选中。

对所有图层取样:勾选该复选框,表示基于所有图层创建一个选区,或从复合图层中进行颜色取样。

自动增强:勾选该复选框,表示减少选区边缘的粗糙度和块效应。

选择主体和选择并遮住将在后面内容进行讲解,本节不赘述。

课堂练习——制作羽绒服宣传海报

【学习目标】学习快速选择工具的使用方法。

【知识要点】使用快速选择工具，移动选区内图像到背景层，自由变换调整大小。最终效果如图 3－14 所示。

图 3－14　最终效果图

【效果图所在位置】配套素材\模块 3\课堂练习\最终效果\02 制作羽绒服宣传海报(效果).psd

1. 打开“配套素材\模块 3\课堂练习\原始素材\02 制作羽绒服宣传海报\01 素材.png”文件。

2. 选择“快速选择工具”，设置画笔粗细，在主体上拖动选取。为保证选区精准，可按【Ctrl＋“＋”】放大显示图像，利用【Shift】键添加选区或者【Alt】键减去选区，最终将主体图像选取出来，如图 3－15 所示。

图 3－15　利用快速选择工具选取主体素材

3. 打开“02 背景”文件，用移动工具拖动“01 素材”文件选区内的图像至“02 背景”文件中，即可在“02 背景”文件中新建一个“图层 2”，如图 3－16 所示。

图 3－16　复制选区内图像到背景文件

4. 选中“图层 2”，点击菜单栏中的【编辑】→【自由变换】或直接按快捷键【Ctrl＋T】执行自由变换命令，拖动控制柄调整图像至合适大小，即可完成最终效果图制作，如图 3－17 所示。

图 3－17　自由变换图像

3.2.3 橡皮擦工具

"橡皮擦工具组"主要作用是用来擦除图像和抠图，共包含了 3 种橡皮擦工具，分别是"橡皮擦工具"、"背景橡皮擦工具"和"魔术橡皮擦工具"。

扫码观看视频

橡皮擦工具：主要用于擦除图形图像，就是把不需要的部分进行擦除，如图层为背景图层，擦除前景色时，会漏出背景色，如图 3－18 所示。如需擦至透明图层，需将背景图层更改为普通图层。

背景橡皮擦工具：主要用于图像抠图，可以擦掉背景色，使之露出透明背景。擦除的效果与属性栏参数设置相关。如图 3－19 所示。

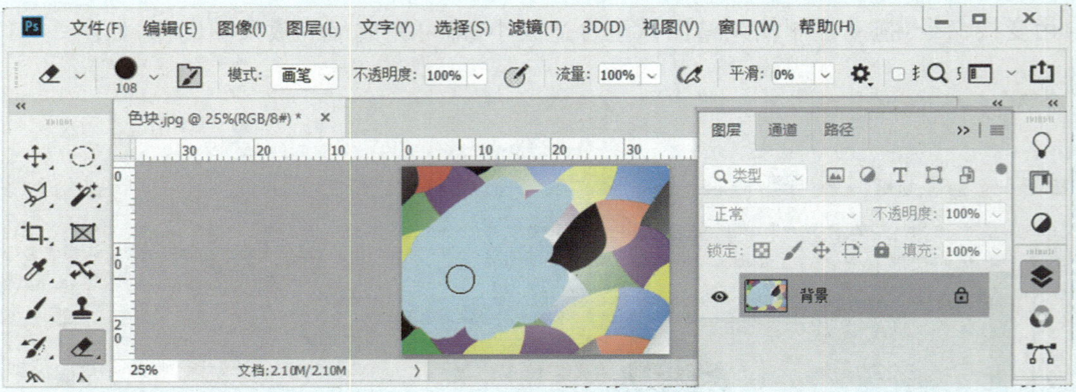

图 3－18　橡皮擦工具

魔术橡皮擦工具：利用魔棒原理，一次能够选取一定颜色范围并对其进行擦除。该工具主要也是用于抠图。如图 3－20 所示。

图 3－19　背景橡皮擦工具

图 3－20　魔术橡皮擦工具

使用“背景橡皮擦工具”时，需要了解工具属性栏中选项的原理，如图 3－21 所示。

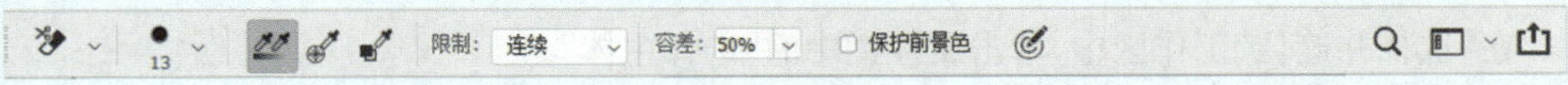

图 3－21　背景橡皮擦工具属性栏

取样：选择“连续”时，在擦除图像时将连续采集取样点；选择“一次”时，把在图像中第一次单击处的颜色作为取样点；选择“背景色板”时，将当前工具箱中的背景色作为取样色，只擦除与背景色相同的颜色。

限制：选择“不连续”时，将擦除鼠标拖动范围内所有与指定颜色相近的像素；选择“邻近”时，将擦除鼠标拖动范围内所有与指定颜色相近且相连的像素；选择“查找边缘”时，将擦除鼠标拖动范围内所有与指定颜色相近且相连的像素，但在擦除过程中可保留较强的边缘效果。

容差：该值越大，擦除颜色的范围越大，擦除后的效果越粗糙。

保护前景色：勾选该复选框，可保留与前景色相同的颜色。

3.2.4 选择主体与选择并遮住

①选择主体

扫码观看视频

“选择主体”是 Photoshop CC 2019 用于抠图的一个命令，它不仅可以独立应用，也是“选择并遮住”的一个工具选项。通过“选择主体”功能选取图像要比“快速选择工具”快，能够一步到位选取或基本选取抠图对象。但不能像“选择并遮住”那样完美抠取人像照片的发丝和动物图像的体表散毛。

可通过以下方式访问“选择主体”。

编辑图像时，点击菜单栏中的【选择】→【主体】。

在使用“快速选择工具”或“魔棒工具”时，单击属性栏中的“选择主体”，如图 3－22 所示。

在“选择并遮住”工作区中，单击属性栏中的“选择主体”。

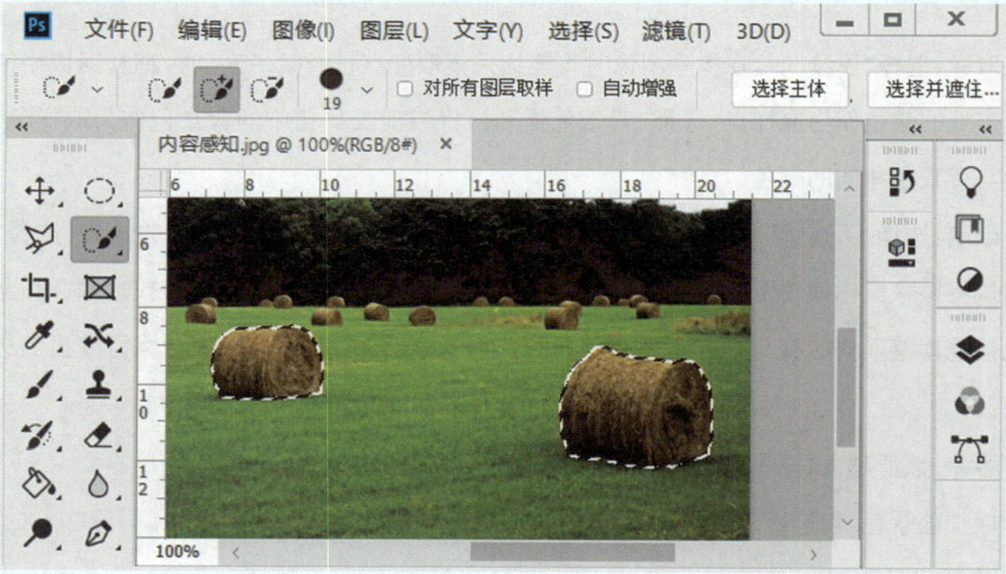

图 3－22　通过属性栏选择主体

②选择并遮住

“选择并遮住”的原理是对所选颜色的自动识别，把相关的颜色保留下来，不相关的颜色自动减去。该功能主要用于选取人像照片的发丝和动物图像的体表散毛等。“选择并遮住”与“选择主体”联合使用，将使软件的抠图功能更强大。“选择并遮住”界面如图 3－23 所示。

图 3－23　“选择并遮住”界面

可通过以下几种方式进入“选择并遮住”编辑模式。

编辑图像时，点击菜单栏中的【选择】→【选择并遮住】。

使用“快速选择工具”“魔棒工具”或“套索工具”时，单击属性栏中的“选择并遮住”。

直接按快捷键【Ctrl＋Alt＋R】(Windows 系统)。

在使用“选择并遮住”命令时，需要预先知晓以下按钮的原理或作用。

快速选择工具：单击或单击并拖动要选择的区域时，会根据颜色和纹理相似性进行快速选择。为获得更加轻松的操作体验，使用“快速选择工具”时，可单击属性栏中的“选择主体”。

调整边缘画笔工具：精确调整边缘的边界区域。如轻刷柔化区域(例如头发或毛皮)以向选区中加入精妙的细节。

画笔工具：使用“快速选择工具”或“选择主体”先粗略选择，再使用“调整边缘画笔工具”对其调整。现在可使用“画笔工具”来完成或清理细节。有两种方式微调选区：在“添加”模式下，绘制想要选择的区域；或者在“减去”模式下，绘制不想选择的区域。

套索工具：手绘选区边框。使用此工具，可以创建精确的选区。

抓手工具：快速在图像文档周围导航。按住空格键来快速切换抓手工具。

缩放工具：放大和浏览照片。

视图模式：从“视图”菜单中，可以为选区选择不同的视图模式。按【F】键可以在各个模式之间循环切换，按【X】键可以暂时禁用所有模式。

半径：确定发生边缘调整的选区边框的大小。对锐边使用较小的半径，对较柔和的边缘使用较大的半径。

智能半径：允许选区边缘出现宽度可变的调整区域。如果选区是涉及头发和肩膀的人物肖像，此选项则会十分有用。

平滑：减少选区边界中的不规则区域（“山峰和低谷”）以创建较平滑的轮廓。

羽化：模糊选区与周围的像素之间的过渡效果。

对比度：增大时，沿选区边框的柔和边缘的过渡会变得不连贯。通常情况下，使用“智能半径”选项和调整工具效果会更好。

移动边缘：使用负值向内移动柔化边缘的边框，或使用正值向外移动这些边框。向内移动这些边框有助于从选区边缘移去不想要的背景颜色。

净化颜色：将彩色边替换为附近完全选中的像素的颜色。

输出到：决定调整后的选区是在当前图层上建立选区或蒙版，还是生成一个新图层或文档。

课堂练习——制作狗狗小窝主图

【学习目标】学习“选择主体”及“选择并遮住”的使用方法。

【知识要点】使用“选择主体”“选择并遮住”选项，进行边缘涂抹。最终效果如图 3－24 所示。

图 3－24　最终效果图

【效果图所在位置】配套素材\模块 3\课堂练习\最终效果\03 制作狗狗小窝主图(效果).psd

1. 打开“配套素材\模块 3\课堂练习\原始素材\03 制作狗狗小窝主图\01 素材.jpg”文

件。单击菜单栏中的【选择】→【选择并遮住】或直接按快捷键【Ctrl＋Alt＋R】命令，工具属性栏会弹出“选择并遮住”选项；或单击任一选择工具（选框工具、套索工具或快速选择工具），会弹出“选择并遮住”和“选择主体”选项。

单击“选择并遮住”选项，界面会显示“选择并遮住”属性面板，如图 3－25 所示。

图 3－25　选择并遮住

2. 单击“选择主体”，软件会快速运算，一键基本选取主体，视图模式一般默认选项，如图 3－26 所示。

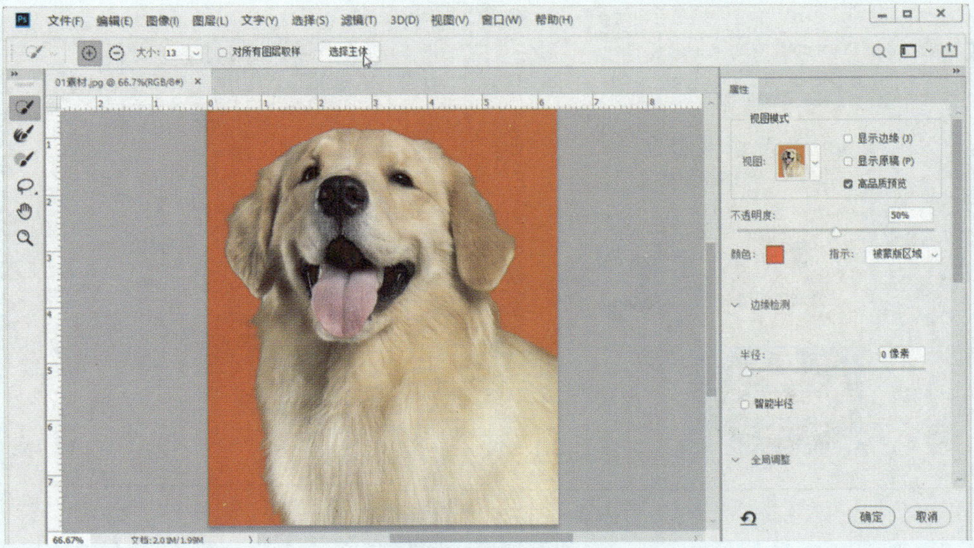

图 3－26　选择主体

3. 点击“调整边缘画笔工具”，调整画笔大小，用调整边缘画笔涂刷主体边缘后可抠出毛发，输出设置勾选“净化颜色”，如图 3－27 所示。点击“输出到”下拉箭头，选择“新建图层”，单击确定，返回主界面。

图 3－27　调整边缘

4. 打开“配套素材\模块 3\课堂练习\原始素材\03 制作狗狗小窝主图\02 背景.jpg”文件，把选取好的素材主体拖到“02 背景”文件中，执行快捷键【Ctrl＋T】命令，调整大小，如图 3－28 所示。按回车键确认，即可完成效果图制作。

图 3－28　自由变换图像

3.2.5　钢笔工具

利用“钢笔工具”选取图像是 Photoshop 中常用的一种方法。该方法比较精确，但比较花费时间。该方法适用于图像边界复杂，不连续，加工精度高的图像选取。

扫码观看视频

使用形状或钢笔工具时，可以选择不同的模式进行绘制，如图 3－29 所示。图像选取时，一般较为常用的是路径。此外，属性栏可设置路径的组合方式、对齐方式、路径的叠放次序等。

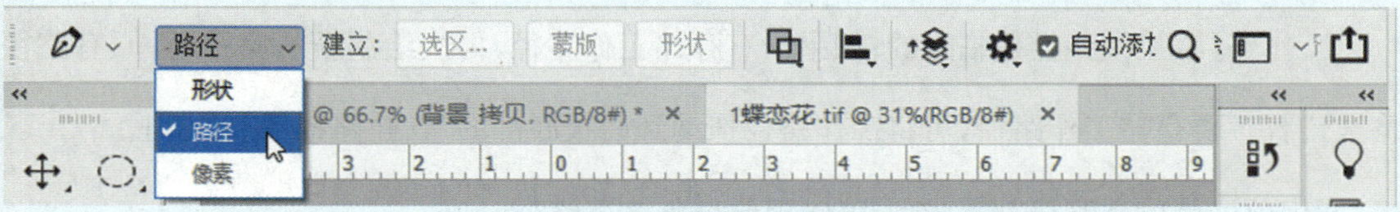

图 3－29　“钢笔工具”的三种模式

形状：在单独的图层中创建形状。形状图层包含定义形状颜色的填充图层以及定义形状轮廓的链接矢量蒙版。形状轮廓是路径，会出现在“路径”面板中。如图 3－30 所示。

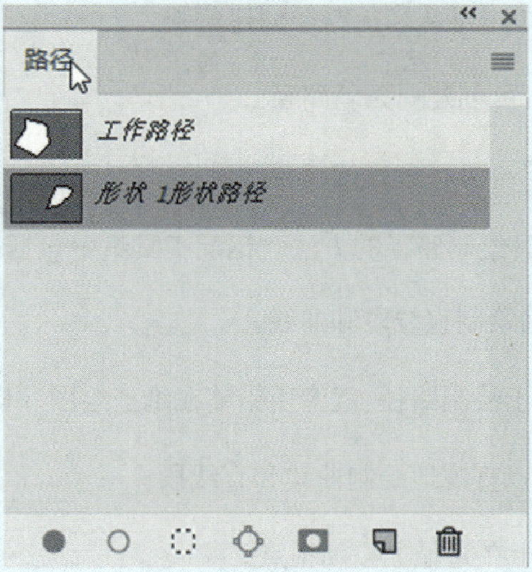

图 3－30　“路径”面板

路径：在当前图层中绘制一个工作路径，可随后使用它来创建选区、创建矢量蒙版，或者使用颜色填充和描边以创建栅格图形（与使用绘画工具非常类似）。

像素：与绘画工具的功能类似，直接在图层上绘制。它创建的是栅格图像，而不是矢量图形。此模式中只能使用形状工具。

“路径操作”：用于设置形状的组合方式，与选区组合方式类似，分别为合并形状、减去顶层形状、与形状区域相交、排除重叠形状。

“路径对齐方式”：用于对齐与分布路径，操作方法与图层对齐方式类似。

“路径排列方式”：使用该命令，可以把路径上移或下移一层或移至顶层或底层。

“路径”面板是保存和管理路径的工具，该面板列出了每条存储的路径、当前工作路径的名称和缩览图像。“路径”面板列出的命令原理或作用如下。

工作路径：工作路径是临时的；如果没有存储工作路径，再次绘制新的路径时，原有路径将被代替。要存储工作路径，可将工作路径拖动到面板底部的“新建路径”按钮上。

“用前景色填充路径”：单击可以用前景色填充路径。

“用画笔描边路径”：单击将用画笔工具和设置的前景色对路径描边。

“将路径作为选区载入”：单击可将路径转换为选区。

“从选区生成工作路径”：单击可将选区转换为路径。

“添加图层蒙版”：单击可从当前路径创建蒙版。

“创建新路径”：单击可创建一条新路径。

“删除当前路径”：单击可将选择的路径删除。

下面将介绍用钢笔工具绘制路径的方法。钢笔工具组中包括以下工具。

钢笔工具：用于精确绘制直线段和曲线。

自由钢笔工具：用于绘制路径，就像用铅笔在纸上绘图一样。

弯度钢笔工具：可以直观地绘制曲线和直线段。

添加锚点工具：用于在路径上添加锚点。

删除锚点工具：用于删除路径上的锚点。

转换点工具：用于平滑点和角点之间的相互转换。

①绘制直线路径

点击“钢笔工具”，确定起始锚点，移动鼠标到下一个位置，单击创建第二个锚点，即可得到一条直线路径，如图 3-31 所示。

图 3-31　直线路径

继续单击其他位置，即可添加下一个锚点，当移动鼠标到起始锚点时，钢笔的右下角会出现一个小圆圈，单击鼠标即可闭合路径，如图 3-32 所示。

图 3-32　闭合路径

②绘制曲线路径

点击“钢笔工具”，定位曲线的起点，并按住鼠标按钮，会出现第一个锚点。拖动以设置要创建的曲线段的斜度，此时钢笔工具指针变为一个箭头，然后松开鼠标按钮。如图 3-33 所示。一般而言，将方向线向计划绘制的下一个锚点延长约三分之一的距离。按住 Shift 键可将工具限制为 45 度的倍数。

图 3-33　绘制曲线第一个锚点

将“钢笔”工具定位到希望曲线段结束的位置，执行以下操作之一。

若要创建 C 形曲线，可向前一条方向线的相反方向拖动，然后松开鼠标按钮，如图3-34 所示。

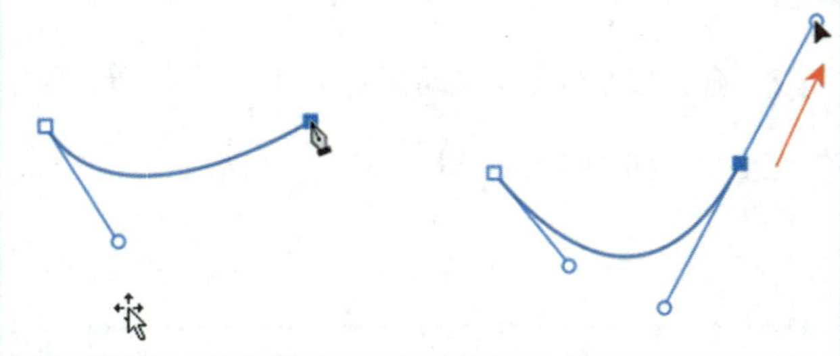

图 3－34　绘制 C 形曲线

若要创建 S 形曲线，可按照与前一条方向线相同的方向拖动，然后松开鼠标按钮，如图 3－35 所示。

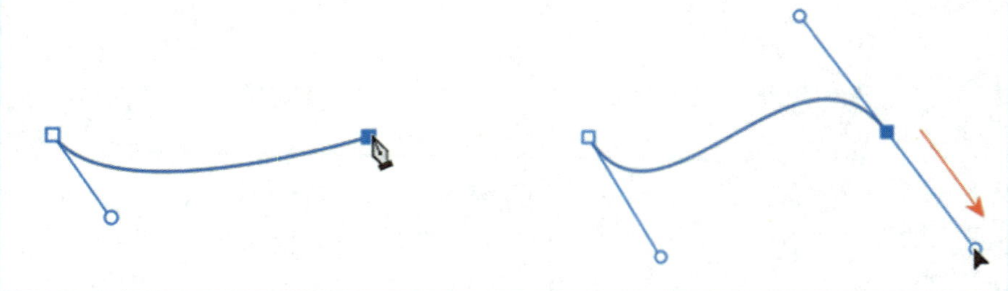

图 3－35　绘制 S 形曲线

也可以利用“弯度钢笔工具”轻松地绘制平滑曲线和直线段。使用该工具，无须切换工具就能创建、切换、编辑、添加或删除平滑点或角点。

③绘制跟有曲线的直线路径

使用“钢笔”工具单击两个位置创建直线段。松开鼠标，把鼠标移动到末端锚点上，再次按住鼠标左键拖动，“钢笔工具”旁边会出现一截短小的斜线，可设置将要创建的曲线段的斜度。将钢笔定位到所需的下一个锚点位置，然后单击，有需要时也可拖动这个新锚点以完成曲线。如图 3－36 所示。

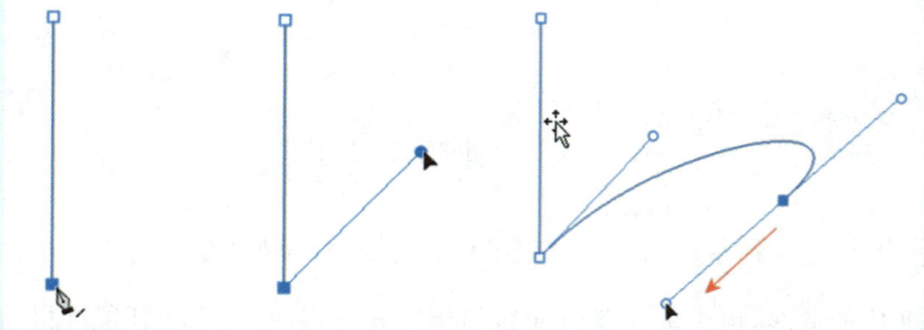

图 3－36　绘制跟有曲线的直线路径

④绘制跟有直线的曲线路径

使用"钢笔工具"拖动创建曲线段,松开鼠标。再点击,有需要时可拖动,创建下一个位置,创建新锚点。点击"转换点工具",或者按下【Alt】键后,单击选定的端点,可将其从平滑点转换为拐角点。如图3-37所示。

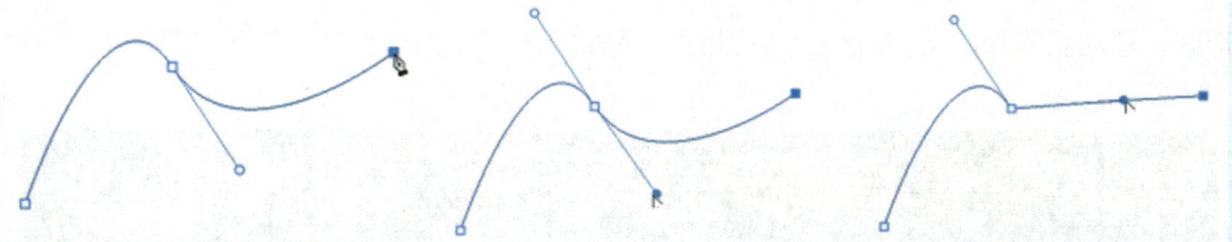

图3-37 绘制跟有直线的曲线路径

钢笔工具使用技巧:在"钢笔工具"状态下,把鼠标移动到锚点上,鼠标会变成"删除锚点工具",单击鼠标即可删除锚点。把鼠标移动到锚点之间的线段上,鼠标会变成"添加锚点工具",单击鼠标即可添加锚点。

⑤选择与移动路径

选择与移动路径可以通过"路径选择工具""直接选择工具"来实现。

"路径选择工具"主要用于选择整条路径。选择整条路径时,在选中的路径上按住鼠标左键并拖动,即可移动选中的路径,如果按住【Alt】键移动,则可复制路径。

如果有多条路径,可按住【Shift】键依次多选路径。或者拖动鼠标拉出一个虚线框,与虚线框交叉或被虚线框包围的所有路径都将被选中。

"直接选择工具"可以选择路径中的某个或几个锚点。单击两个锚点之间的线段,即可将其选中。拖动即可调整线段的形状。如需删除该线段,按【Delete】键即可删除。

使用技巧:

在"钢笔工具"状态下,把鼠标移动到锚点位置,按住【Ctrl】键,鼠标会变为"快速选择工具",按住鼠标左键即可调整锚点位置。

在"钢笔工具"状态下,把鼠标移动到锚点位置,按住【Alt】键,鼠标会转换为"转换点工具",按住鼠标左键拖动即可调整锚点的曲率。松开【Alt】键,再次按住【Alt】,把鼠标移动到控制柄上,即可单独调节一个方向的曲率。

⑥路径与选区的转换

如需当前选择的路径转换为选区,可单击"路径"面板底部的"将路径作为选区载入"按钮或者直接按快捷键【Ctrl+Enter】。

同样，也可以将选区转换为路径。在创建选区后，单击右键“建立工作路径”命令，弹出对话框，设置路径的平滑度的“容差”值，单击“确定”按钮即可得到路径。

课堂练习——制作沙发 Banner 图

【学习目标】学习使用“钢笔工具”选取图像的方法。

【知识要点】使用钢笔工具、路径选择工具、转换点工具等选择主体图像，将路径转换为选区。移动到背景图层，调整大小，应用图层样式。最终效果如图 3－38 所示。

图 3－38　最终效果图

【效果图所在位置】配套素材\模块 3\课堂练习\最终效果\04 制作沙发 Banner 图(效果). psd

1. 打开“配套素材\模块 3\课堂练习\原始素材\04 制作沙发 Banner 图\01 素材. jpg”文件。利用“钢笔工具”，在工具属性栏选择“路径”模式进行绘制，使用【Ctrl】键组合使用“直接路径选择工具”，使用【Alt】键组合使用“转换点工具”选择出沙发主体图像，如图 3－39 所示。

图 3－39　选取沙发主体图像

2. 点击路径面板下面的“将路径作为选区载入”，或直接按快捷键【Ctrl+Enter】，将路径转换为选区，如图 3-40 所示。

图 3-40　将路径转换为选区

3. 打开“配套素材\模块 3\课堂练习\原始素材\04 制作沙发 Banner 图\02 背景.jpg”文件。选择“01 素材”文件，利用“移动工具”将选区内的图像拖动到背景文件中，会生成新的“图层 1”，选中“图层 1”，执行快捷键【Ctrl+T】命令，自由变换图像到合适大小，如图 3-41 所示。

图 3-41　自由变换图像

4. 选中“图层 1”，点击“添加图层样式”按钮，勾选“投影”，设置“不透明度”“角度”“距离”“扩展”以及“大小”，如图 3-42 所示。完成设置后点击“确定”按钮，返回主界面，即可完成最终效果图制作。

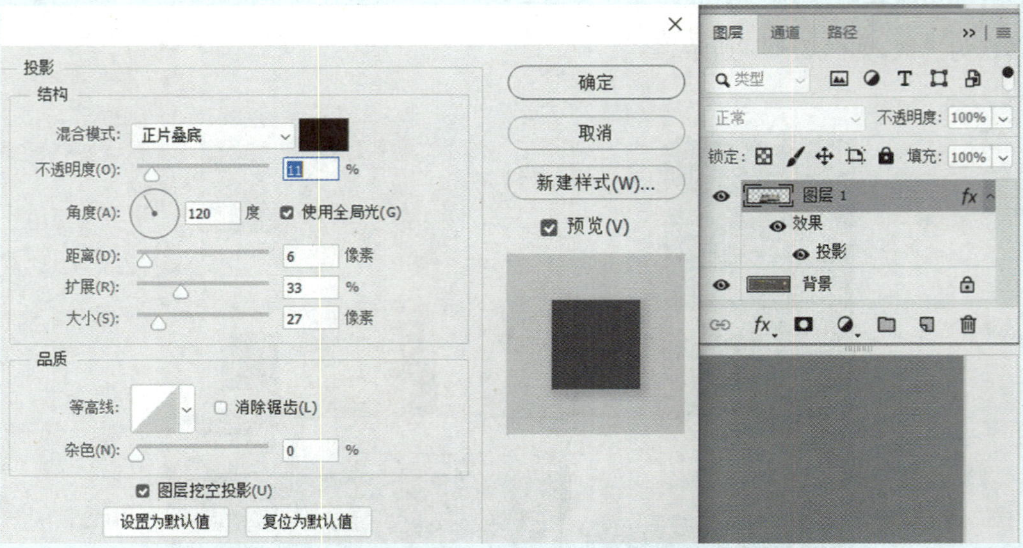

图 3－42　添加图层样式

3.2.6　色彩范围

利用“色彩范围”命令，可以选择现有选区或整个图像内指定的颜色或色彩范围。注：“色彩范围”命令不可用于 32 位以及通道的图像。

扫码观看视频

使用“色彩范围”选取图像时，可点击菜单栏中的【选择】→【色彩范围】。弹出对话框，启用吸管工具，从图像中选取示例颜色，进行相应设置，如图 3－43 所示。

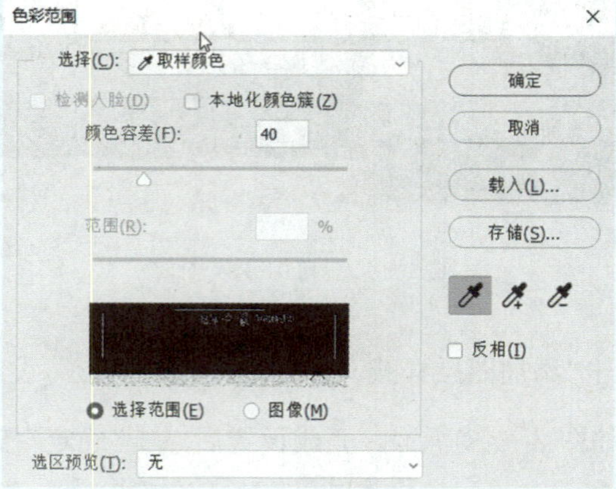

图 3－43　“色彩范围”对话框

如要选择蓝色区域，可点击“选择”对话框中的“蓝色”选项并单击“确定”。

如需在图像中选择多个颜色范围，则可选择“本地化颜色簇”来构建更加精确的选区。

如需选择与常见肤色类似的颜色，可启用“检测人脸”以进行更准确的肤色选择。

“选择范围”：预览进行图像颜色取样而得到的选区。默认状态下，白色代表选定的像素，黑色代表未选定的像素，灰色代表部分选定的像素。

“图像”：预览整个图像。若需在“图像”和“选择范围”预览之间切换，可按【Ctrl】键。

若需添加颜色，可选择“添加到取样”，并在预览区域或图像中单击。

若需移去颜色，可选择“从取样中减去”，并在预览或图像区域中单击。

使用技巧：按住【Shift】键可临时启用添加到取样工具，按住【Alt】键可临时启用从取样中减去工具。

“颜色容差”：调整颜色的选定范围。

若要在图像窗口中预览选区，可选取“选区预览”选项。

“无”：显示原始图像。

“灰度”：完全选定的区域显示白色，部分选定的显示灰色，未选定的显示黑色。

“黑色杂边”：选定的区域显示原始图像，未选定的区域显示黑色。

“白色杂边”：选定的区域显示原始图像，未选定的区域显示白色。

“快速蒙版”：未选定的区域显示为宝石红颜色叠加。

若需还原至原来的选区，可按住【Alt】键，“取消”按钮会变成“复位”，单击可复位。

若需存储和载入色彩范围，可使用“存储”和“载入”按钮存储和重新使用当前设置。

课堂练习——制作养生壶商品主图

【学习目标】学习使用“色彩范围”选取图像的方法。

【知识要点】使用“色彩范围”选取竹叶，利用选择“主体”选取养生壶。移动到背景图层，调整大小。最终效果如图 3 - 44 所示。

图 3－44　最终效果图

【效果图所在位置】配套素材\模块 3\课堂练习\最终效果\05 制作养生壶商品主图(效果).psd

1. 打开“配套素材\模块 3\课堂练习\原始素材\05 制作养生壶商品主图\01 素材.jpg”文件。点击菜单栏中的【选择】→【色彩范围】，弹出“色彩范围”对话框，设置合适的颜色容差，启用吸管工具，在背景颜色上单击。如图 3－45 所示。

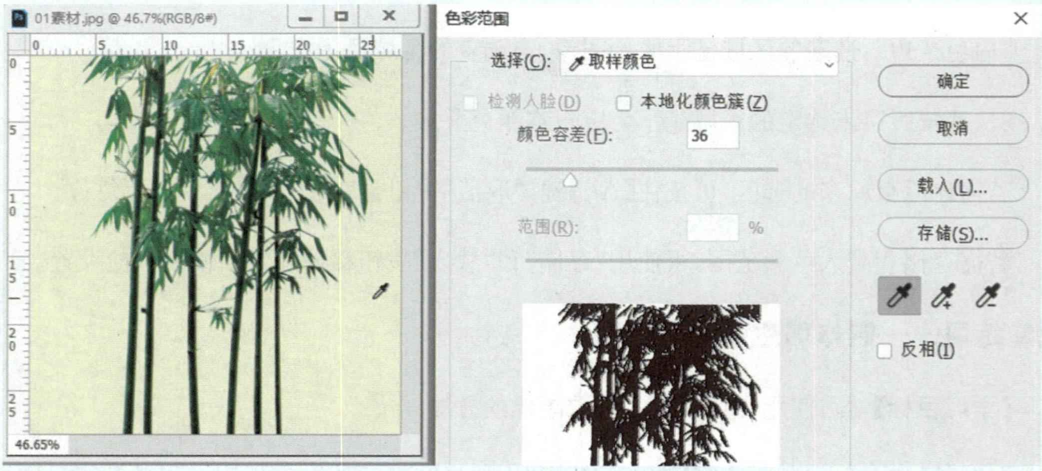

图 3－45　利用“色彩范围”选取图像

2. 点击“确定”按钮，返回主界面，背景颜色将被选中，点击右键“选择反向”或按快捷键

【Ctrl＋Shift＋I】进行反选，主体将被选中，如图 3-46 所示。

图 3-46 反向选择选区

3. 打开“03 背景”文件，利用“移动工具”把“01 素材”选区内的图像拖到背景文件中，移动到合适位置，如图 3-47 所示。

图 3-47 移动素材到背景中

3. 打开“02 素材”文件，点击菜单栏中的【选择】→【主体】，主体将被选中，利用“移动工具”把“02 素材”选区内的图像拖到上述背景文件中，移动到合适位置，按快捷键【Ctrl＋T】调整到合适大小，如图 3-48 所示。最终完成效果图制作。

图 3－48　移动及调整素材

3.2.7 蒙　板

蒙板的原理及使用方法，在上一模块中已经介绍，就是将不同灰度色值转化为不同的透明度，并作用到它所在的图层，使图层不同位置的透明度产生相应变化。黑色为完全透明，白色为完全不透明。此处主要介绍使用蒙板选取透明物体的方法。

扫码观看视频

课堂练习——为透明玻璃杯更换背景色

【学习目标】学习使用蒙板抠取图像的方法。

【知识要点】选择复制整个图层，添加图层模板，打开图层蒙版，进行粘贴，即可完成，最终效果如图 3－49 所示。

图 3－49　最终效果图

【效果图所在位置】配套素材\模块 3\课堂练习\最终效果\06 为透明玻璃杯更换背景色(效果).psd

1. 打开“配套素材\模块 3\课堂练习\原始素材\06 为透明玻璃杯更换背景色\01 素材.png”文件。按下快捷键【Ctrl+J】,即可复制“图层 1 拷贝”,选中“图层 1 拷贝”,按快捷键【Ctrl+A】全选,按快捷键【Ctrl+C】复制图层,如图 3－50 所示。执行快捷键【Ctrl+D】取消选区。

图 3－50　复制图层

2. 选中“图层 1 拷贝”,点击右下角的“添加图层蒙版”按钮,为该图层添加图层蒙版,按住【Alt】键,点击图层蒙版缩略图,打开图层蒙版,如图 3－51 所示。

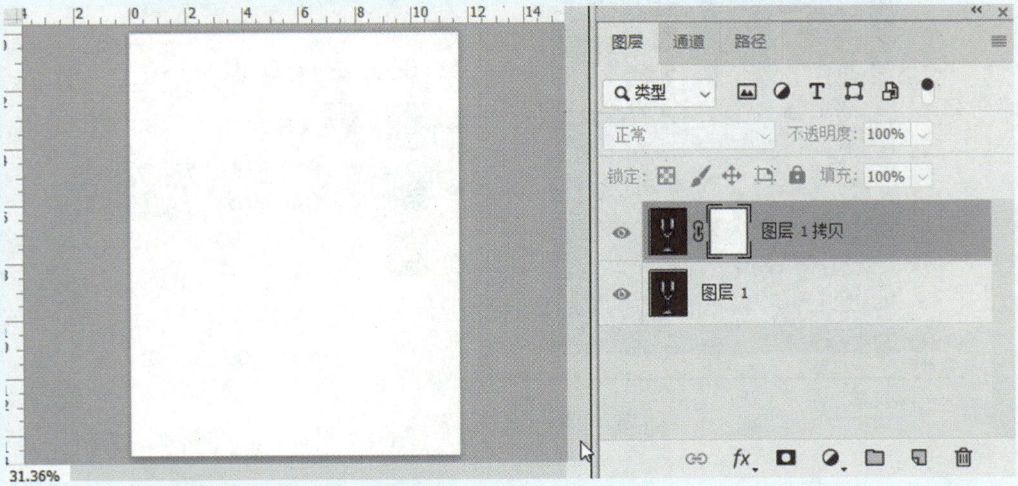

图 3－51　打开图层蒙版

3. 执行快捷键【Ctrl+V】命令把图像粘贴到蒙板中，即可完成透明图像的抠取。点击“图层 1”左边的眼睛图标，隐藏“图层 1”，即可观察选取出来的透明图片，如图 3－52 所示。

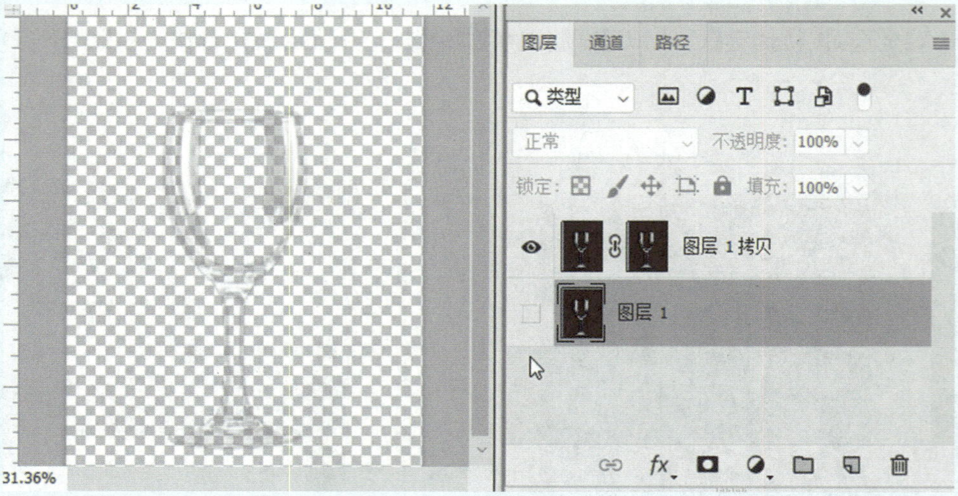

图 3－52　粘贴图层蒙版

4. 点击图层面板右下角的“新建图层”按钮，新建“图层 2”，并把该图层移至“图层 1”与“图层 1 拷贝”的中间，设置前景色为蓝色，执行快捷键【Alt+Delete】填充前景色，如图 3－53 所示。即可完成效果图制作。

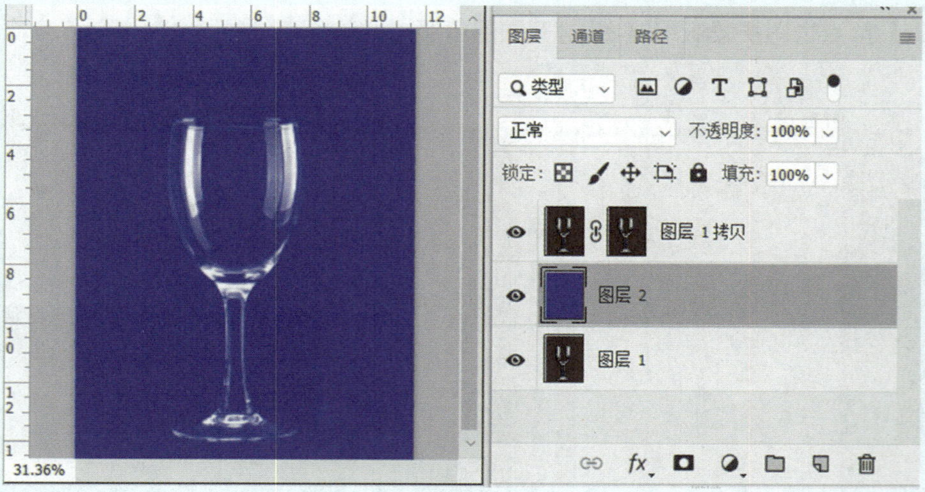

图 3－53　更换背景颜色

3.2.8 高　光

在抠取透明物体时，也可以利用“高光”实现。“高光”是绘画用语，指图像中直接折射光源的那部分(明亮处)。高光抠图的原理是利用灰度与灰度进行正片叠底计算，中间调到暗调的部分在新通道中会变得更暗，以深灰到黑色部分显示。高光调部分得到灰白到白色的显示。把这个结果通道载入选区就能得到高光的选区。

扫码观看视频

利用高光选取图像，可按下快捷键【Ctrl＋Alt＋2】提取高光选区，执行快捷键【Ctrl＋J】复制图层，即可完成透明图像选取。为了便于观察，可以新建一个图层，填充其他颜色即可。如图 3－54 所示。

图 3－54　利用高光选取透明图像

3.2.9 通　道

通道是存储不同类型信息的灰度图像。利用“通道”功能，可以进行图像合成，对图像进行调色，抠取图像等操作。在 Photoshop 中，一共有三种类型的通道：颜色通道、Alpha 通道和专色通道。

扫码观看视频

颜色通道：在打开新图像时自动创建，图像的颜色模式决定了所创建的颜色通道的数目。例如，RGB 图像的每种颜色都有一个通道，并且还有一个用于编辑图像的复合通道，如图 3－55 所示。

Alpha 通道:将选区存储为灰度图像。Alpha 通道可创建和存储蒙版,如图 3－56 所示。

专色通道:指定用于专色油墨印刷的附加印版,如图 3－57 所示。

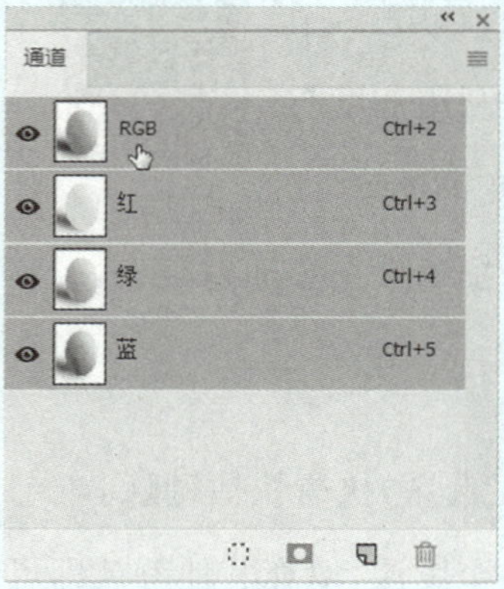

图 3－55　颜色通道

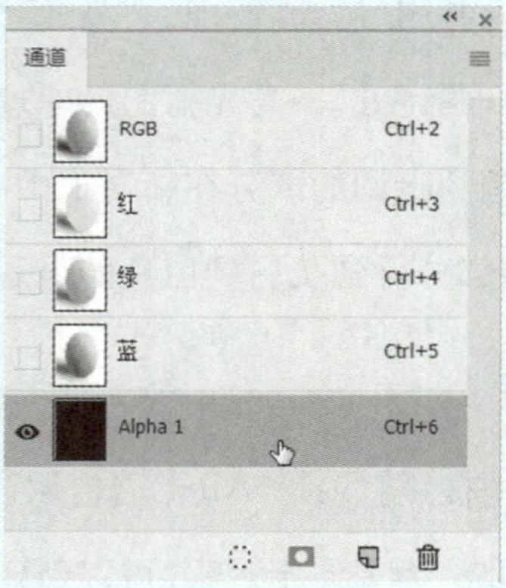

图 3－56　Alpha 通道

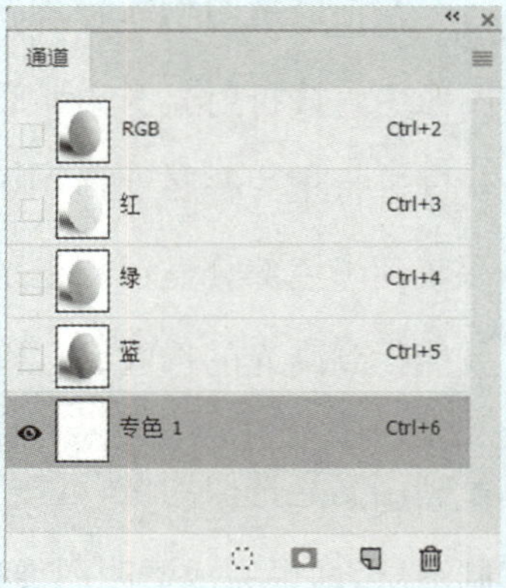

图 3－57　专色通道

“通道”面板是用于创建和管理通道的重要场地。单击菜单栏中的【窗口】→【通道】命令,可显示“通道”面板。在面板中,包括的选项含义如下:

“”按钮:将通道作为选区载入。

“”按钮:将选区储存为通道。

“”按钮:创建新通道,点击时将创建一个 Alpha 通道。

“”按钮:删除当前通道。

如需复制通道,只需将其拖到“通道”面板下方的“创建新通道”按钮上,松开鼠标即可。也可以选中需要复制的通道,点击鼠标右键,选择“复制通道”,即可完成通道的复制。

如需将通道作为选区载入,可单点“通道”面板下方的“将通道作为选区载入”按钮,即可调用该通道上的灰度值并将其转换为选区,或者按住【Ctrl】键,点击“通道的缩略图”,也可以将通道作为选区载入,如图 3－58 所示。

图 3－58　将通道作为选区载入

如需新建 Alpha 通道,可点击“创建新通道”按钮。如当前图像中有选区,则可单击“将选区存储为通道”按钮，即可为把选区保存到 Alpha 通道，如图 3－59 所示。

图 3－59　新建 Alpha 通道

在 Alpha 通道中，白色代表被选择的区域，黑色代表未选择的区域，灰色代表部分选择的区域，Alpha 通道不会影响图像的颜色，它只是存储选区。

课堂练习——制作猫粮商品主图

【学习目标】学习利用通道抠取图像的方法。

【知识要点】选择主体与背景对比较强的通道，进行复制，利用色阶调整黑白，将通道作为选区载入，移动到背景图层，最终效果如图 3－60 所示。

图 3－60　最终效果图

【效果图所在位置】配套素材\模块 3\课堂练习\最终效果\07 制作猫粮商品主图(效果). psd

1. 打开“配套素材\模块 3\课堂练习\原始素材\07 制作猫粮商品主图\01 素材. jpg”，执行快捷键【Ctrl＋J】复制背景图层，即可生成“图层 1”。

2. 选中“图层 1”，打开“通道”面板，选择颜色反差较大的通道，通过观察“绿”通道反差较大，因此选中“绿”通道，将其拖至下方的“创建新通道”按钮上，即可复制“绿”通道，生成“绿拷贝”通道，如图 3－61 所示。

图 3－61　复制“绿”通道

3. 选择“绿拷贝”通道，执行快捷键【Ctrl＋L】命令，调出“色阶”对话窗，调整“输入色阶”滑块，注意观察黑白颜色，如图 3－62 所示。

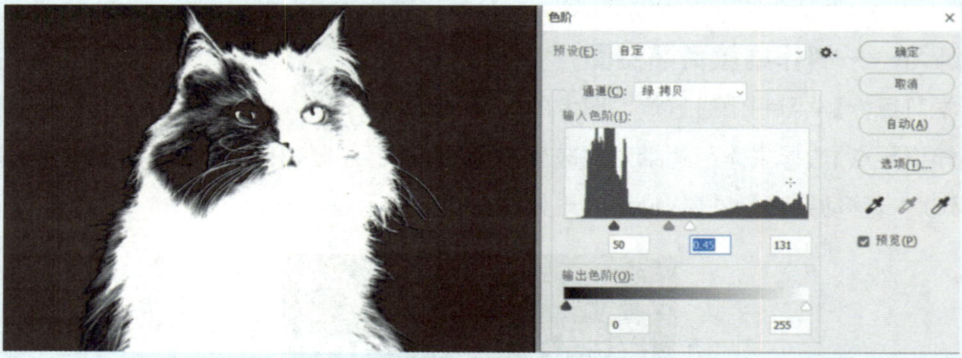

图 3－62　调整色阶

4. 设置前景色为白色，利用“画笔工具”，调整合适画笔大小，画笔硬度设置为 100%，在主体部分进行涂抹，让主体部分均为白色，注意不要涂抹边缘位置，如图 3－63 所示。

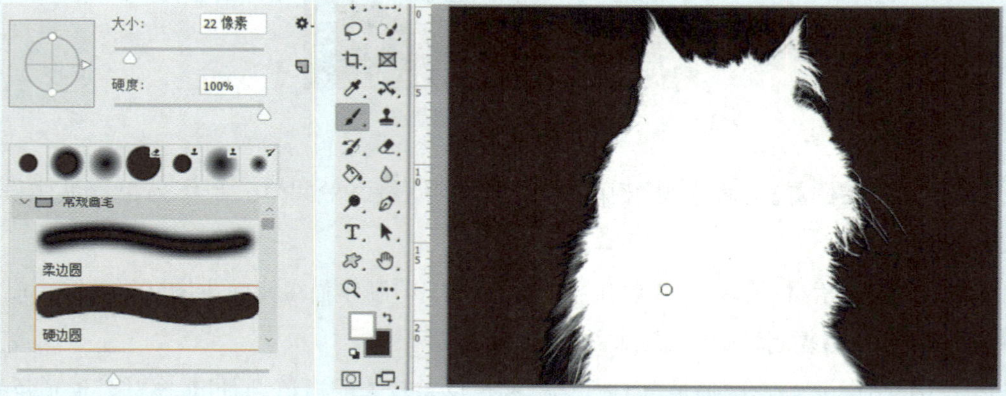

图 3－63　利用白色画笔涂抹主体

5. 选择“绿拷贝”通道，点击“通道”面板下面的“将通道作为选区载入”按钮，或者直接按住【Ctrl】键，单击此通道缩览图，载入选区，如图 3－64 所示。

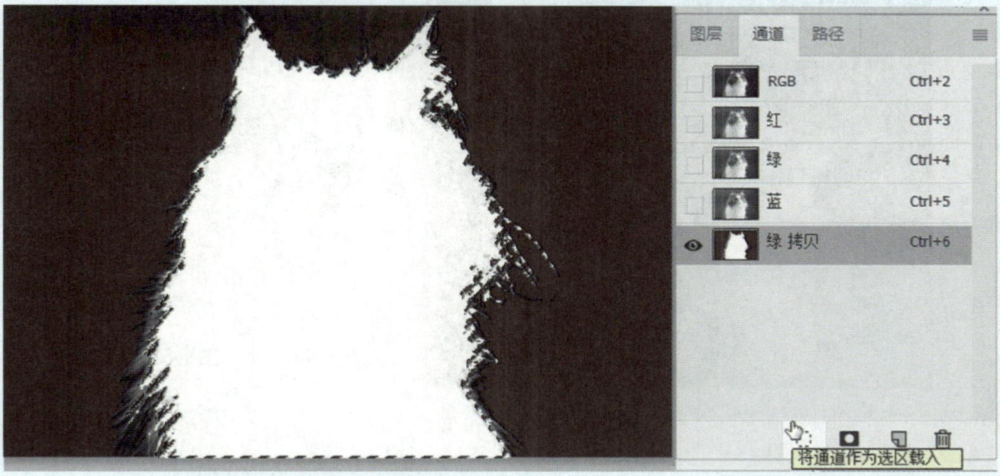

图 3－64　将通道作为选区载入

6. 鼠标点击“RGB”通道，或者直接按快捷键【Ctrl＋2】显示“RGB”通道，如图 3－65 所示。点击“图层”返回“图层”面板，按快捷键【Ctrl＋J】复制选区内的图像，即可完成“01 素材”文件主体的选取，如图 3－66 所示。

图 3－65　显示 RGB 通道图

图 3－66　复制选区内图像

7. 打开“配套素材\模块 3\课堂练习\原始素材\07 制作猫粮商品主图\02 背景.jpg”，利用“移动工具”将“01 素材”中抠取好的图像拖到“02 背景”文件中，即可生成“图层 1”。

8. 选中“图层 1”，通过菜单栏【编辑】【自由变换】命令，或者直接按快捷键【Ctrl＋T】，自由变换图像，将图像调整到合适大小，如图 3－67 所示，按回车键确认，即可完成最终效果图制作。

图 3-67　自由变换图像

3.3　课后练习——抠取透明冰块

【知识要点】利用蒙板工具或高光命令或通道工具，最终完成效果图制作。

【素材所在位置】配套素材\模块 3\课后练习\原始素材\01 抠取透明冰块。

【效果图所在位置】配套素材\模块 3\课后练习\最终效果\01 抠取透明冰块(效果).psd，如图 3-68 所示。

图 3-68　最终效果图

模块4

网店美工设计的图像调色

模块介绍

本模块主要介绍网店美工设计图像调色，包括色彩和色相的调整以及特殊颜色的处理。本模块主要学习通过亮度/对比度、色阶、曲线、曝光度、色相/饱和度、色彩平衡、HDR 色调、通道混合器等进行色彩的调整；通过反相、色调分离、去色、阈值、替换颜色、匹配颜色等进行特殊颜色的处理。通过本模块的学习，读者可以掌握网店美工设计的色彩及色相的调整以及特殊颜色的处理等方法及基础知识。

学习目标

知识目标

- 了解网店美工设计调色基本命令的概念；
- 理解调色命令的基本原理。

技能目标

- 掌握亮度/对比度、曝光度的使用方法；
- 掌握色阶、曲线调整图像的技巧；
- 掌握色相/饱和度的使用方法；
- 掌握色彩平衡调色的方法；
- 掌握反相、色调分离的使用方法；
- 掌握阈值的使用方法及技巧；
- 掌握替换颜色、匹配颜色的使用方法；
- 掌握通道混合器调色的基本使用方法。

素养目标

- 树立爱岗敬业意识；
- 培养工匠精神；
- 培养审美意识。

4.1 色彩与色调的调整

通过 Photoshop 调整图像的色彩和色调，是日常设计制作过程中经常会使用到的功能，也是必须掌握的一项功能。

扫码观看视频

色彩与色调的调整，主要有三种方式可以实现：

第一种是通过菜单栏中的【图像】→【调整】进行调整，如图 4-1 所示。

第二种是通过“图层”面板上的“创建新的填充或调整图层”按钮进行调整，如图 4-2 所示。

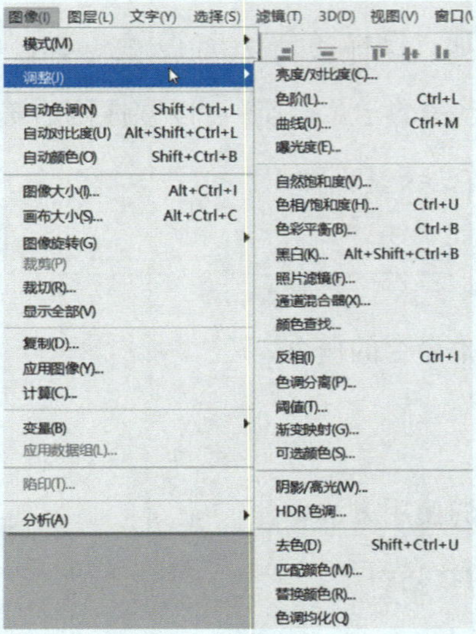

图 4-1　通过菜单调色

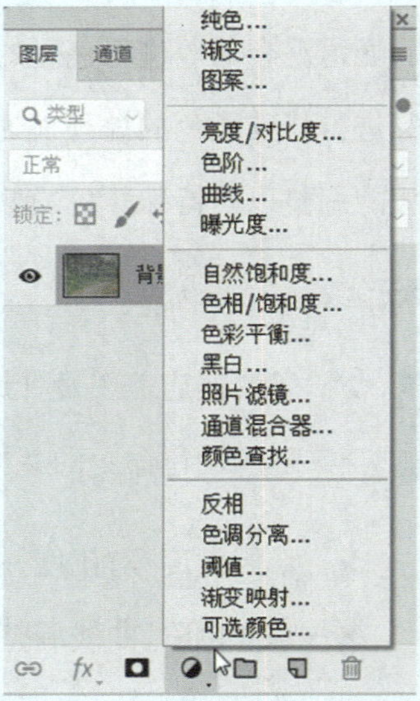

图 4-2　通过图层面板调色

第三种是通过“调整”面板上的命令按钮实现，如图 4-3 所示。

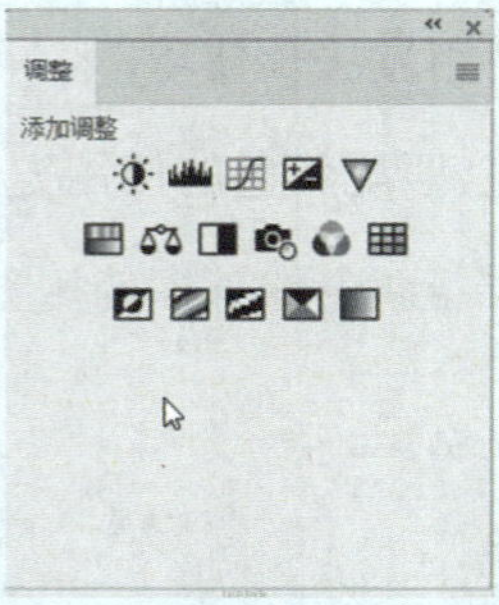

图 4-3　通过调整面板调色

三种调整方式的区别在于：

第一种是直接在原有图层上进行调整，会破坏原有图层的像素，且不方便做二次修改，如选用第一种调整方式，建议复制原有图层，在复制的图层上进行调整。

第二种与第三种是在图层上创建一个新的填充或调整图层，通过此方式调整，不会破坏原有图层的像素，但创建的填充或调整层会影响到调整层以下的所有图层。如果只想调整一个层，可以把创建的调整或填充图层作为图层的剪贴图层，再进行调整。

4.1.1　亮度/对比度

使用“亮度/对比度”调整，可以对图像的色调范围进行简单调整。将亮度滑块向右移动会增加色调值并扩展图像高光，反之则减少色调值并扩展图像阴影。“亮度/对比度”滑块值右边的数值反映亮度或对比度值。“亮度”值的范围是－150 至＋150，“对比度”值的范围是－50 到＋100。

图 4－4 是原图，图像整体偏暗，此时通过“亮度/对比度”将亮度调整为 58，对比度调整为 13，图像效果如图 4－5 所示。

图 4－4　原图

图 4－5　调整后效果图

4.1.2　色　阶

“色阶”命令通过调整图像的阴影（黑场）、中间调（灰场）和高光（白场）的强度级别，从而校正图像的色调范围和色彩平衡。

使用“色阶”调整图像时，首先需要对色阶对话框中间的“直方图”进行基本认知，如图

4－6所示。

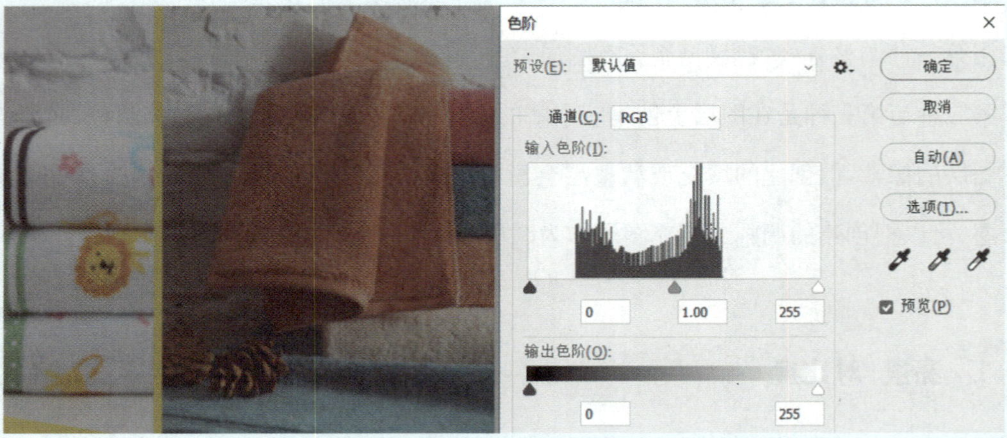

图 4－6 “色阶”命令对话框

“输入色阶”的滑块分别表示：

左侧黑色滑块表示阴影(黑场)。

中间灰色滑块表示中间调(灰场)。

右侧白色滑块表示高光(白场)。

中间的峰值图像分别代表图像中的阴影、中间调和高光的信息。

右侧的三个吸管工具分别代表在图像中取样以设置黑场、灰场和白场。

上图中,可以看出图像的黑场和白场的像素信息严重不足,图像整体偏灰。如需调整图像到正常状态,可以拖动黑场、灰场和白场到合适位置。设置黑场值 45,灰场值 1.45,白场值 177,点击“确定”按钮即可完成图像的明暗和色彩校正,如图 4－7 所示。

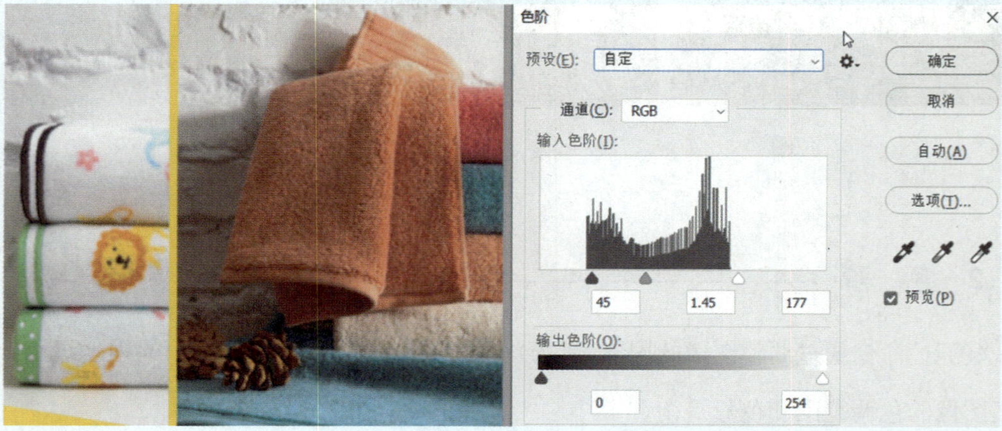

图 4－7 通过“色阶”调整图像

4.1.3 曲　线

通过拖动“曲线”对话框内的线，可以调整图像的色调范围。在线条添加控制点并拖动时，曲线的形状会发生更改，图像也会产生相应调整。

扫码观看视频

图像的色调在“曲线”对话框上表现为一条呈 45 度角的直线。在调整 RGB 图像时，图形右上角区域表示高光(白场)，左下角区域表示阴影(黑场)。

拖动曲线右上部分的点可调整白场，拖动曲线中心的点可调整灰场，拖动曲线左下部分的点可调整黑场，如图 4－8 所示。

如需从“曲线”中移去控制点，有以下三种方式可以实现：

选择控制点，按住鼠标左键将控制点从图形中拖出。

选择控制点，按【Delete】键移除控制点。

按住【Ctrl】键，单击控制点将控制点移除。

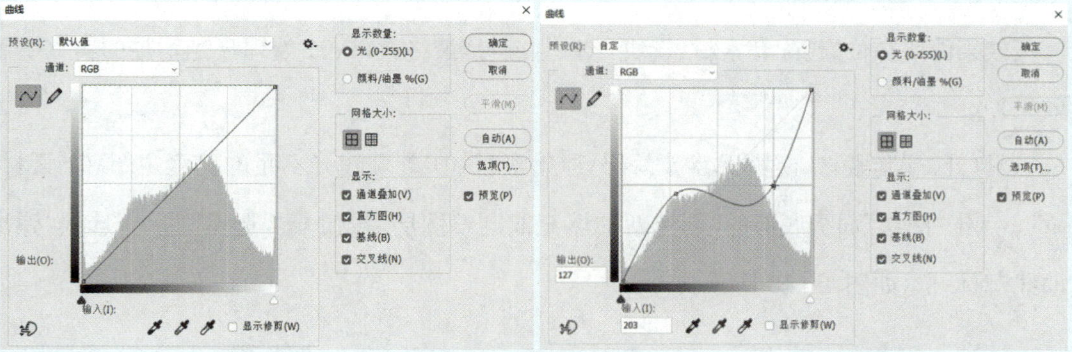

图 4－8　“曲线”对话框

下面对“曲线”对话框中的各项内容进行说明。

光：显示 RGB 图像的强度值(范围 0 到 255)。

颜料/油墨(%)：显示 CMYK 图像的百分比(范围 0 到 100)。

网格大小：简单网格以 25%的色调增量显示网格线，详细网格以 10%的增量显示网格线。

通道叠加：显示叠加在复合曲线上方的颜色通道曲线。

直方图：显示图形后面的原始图像色调值的直方图。

基线：以 45 度角的线条作为参考，可显示原始图像的颜色和色调。

交叉线：显示水平线和垂直线，以帮助用户在相对于直方图或网格进行拖动时对齐控制点。

三个吸管工具：分别代表在图像中取样以设置黑场、灰场和白场。

左侧“铅笔”图标：在现有曲线上绘制新曲线调整图像。

课堂练习——处理曝光不足的美食主图

【学习目标】学习利用“曲线”命令校正图像颜色的方法。

【知识要点】使用“曲线”命令调整照片整体颜色，最终效果如图 4 - 9 所示。

图 4 - 9　最终效果图

【效果图所在位置】配套素材\模块 4\课堂练习\最终效果\01 处理曝光不足的美食主图(效果).psd

1. 打开“配套素材\模块 4\课堂练习\原始素材\01 处理曝光不足的美食主图\01 素材.jpg”。点击“图层”面板底部的“创建新的填充或调整图层”按钮，选择“曲线”选项，弹出“曲线”对话框，如图 4 - 10 所示。

图 4 - 10　调出“曲线”命令

2. 通过观察“01 素材”图像，发现该图像阴影部分偏曝，高光部分亮部不足，中间调部分偏灰。因此，可以在曲线的黑场和白场区域新建控制点，拖动控制点位置来校正图像颜色。在拖动时，注意观察图像的颜色。两个控制点的位置和参数如图 4－11 所示。

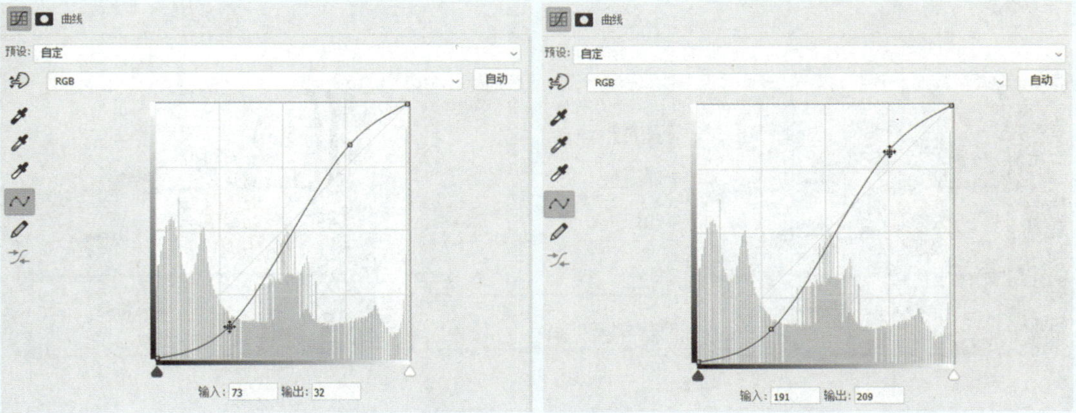

图 4－11　设置曲线的控制点及参数

3. 点击曲线对话框的“关闭”按钮，即可完成效果图的制作，如图 4－12 所示。

图 4－12　最终效果图

4.1.4　曝光度

“曝光度”命令一般用于调整曝光不足或曝光过度的图像，也可以用于调整 HDR 图像的色调。在曝光度的界面中(如图 4－13 所示)，各选项的含义如下。

曝光度：调整色彩范围的高光端，对极限阴影的影响很轻微。通过拖动滑块可以使图像变亮或变暗。

位移:使阴影和中间调变暗,对高光的影响很轻微。拖动滑块可以使阴影或中间调变亮或变暗。

灰度系数校正:使用简单的乘方函数调整图像灰度系数。可通过拖动滑块来校正图像的灰度。

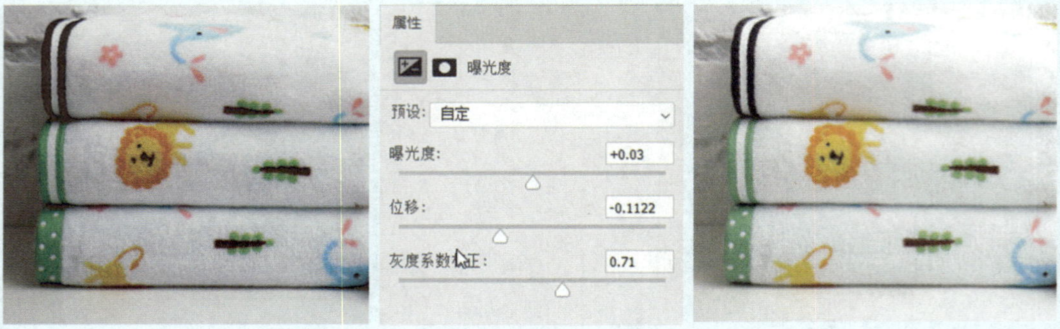

图 4－13　设置“曝光度”对比图片

4.1.5　色相/饱和度

使用“色相/饱和度”,可以对图像中特定颜色范围的色相、饱和度和明度进行调整,或者对图像中的所有颜色同时进行调整。单击“调整”面板,点击按钮,即可弹出“色相/饱和度”对话框。拖动滑块可以调整图像的色相、饱和度和明度。如图 4－14 所示。

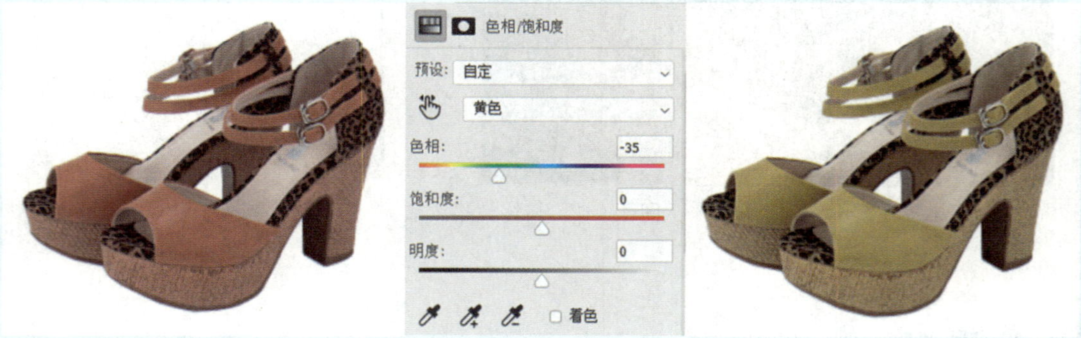

图 4－14　“色相/饱和度”调整对比图

下面对“色相/饱和度”对话框中各主要参数的含义进行介绍。

预设:可以通过预设的色阶样式,对全图或者图像中的单色进行调整。

色相:指不同的颜色,与亮度、饱和度无关。色相指反射自物体或投射自物体的颜色。在通常的使用中,色相由颜色名称标识,如红色、橙色或绿色。

饱和度：表示色相中灰色分量所占的比例，指颜色的强度或纯度，通过0%（灰色）到100%（完全饱和）的百分比来度量。

明度：不同颜色模式里控制画面明暗关系的可度量的参数。

着色：可以让灰度或者彩色图像变成单一颜色的图像。

4.1.6　色彩平衡

使用“色彩平衡”命令，可以校正图像的偏色问题，或者更改图像的总体颜色混合。点击“调整”面板，点击按钮，即可进入“色彩平衡”界面，如图4-15所示。

扫码观看视频

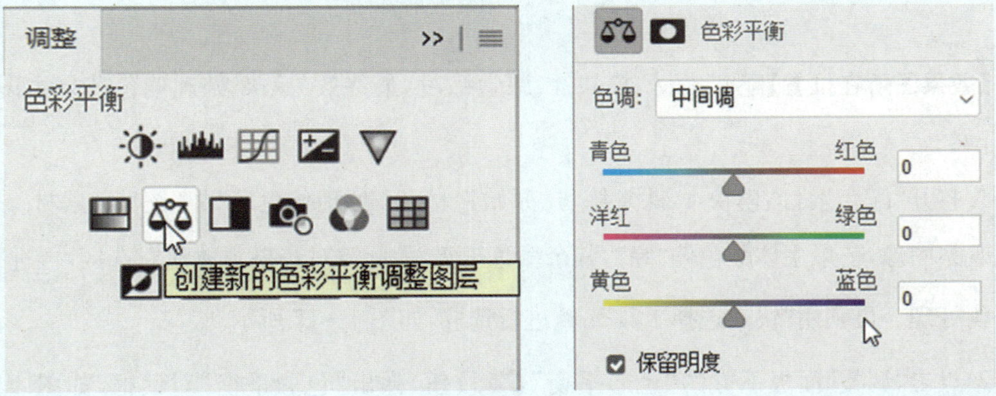

图4-15　“色彩平衡”界面

下面对“色彩平衡”对话框中各主要参数的含义进行介绍。

色调：可以对图像色调的阴影、中间调或高光进行任意色调平衡调整。

三个滑块两端的颜色是互补色，如青色和红色。互补色中某一颜色增加，另一颜色就会减少，如图片偏红时，可以增加青色抵消多余的红色，从而校正偏色的图像。

保留明度：防止调整时画面明度发生变化，一般情况下需要勾选。

课堂练习——处理偏色芒果主图

【学习目标】学习利用曲线校正图像颜色的方法。

【知识要点】使用“色彩平衡”命令，利用互补色原理，校正图像颜色，最终效果如图 4－16 所示。

图 4－16　最终效果图

【效果图所在位置】配套素材\模块 4\课堂练习\最终效果\02 处理偏色芒果主图(效果).psd

1. 打开“配套素材\模块 4\课堂练习\原始素材\02 处理偏色芒果主图\01 素材.jpg”。通过观察图像，芒果主体颜色偏“绿”，其余颜色正常，因此需对芒果主体建立选区，再进行色彩平衡处理。可利用“快速选择工具”进行选取，如图 4－17 所示。

2. 点击“调整”面板下方的“色彩平衡”按钮，弹出“色彩平衡”对话框，如图 4－18 所示。

图 4－17　建立选区

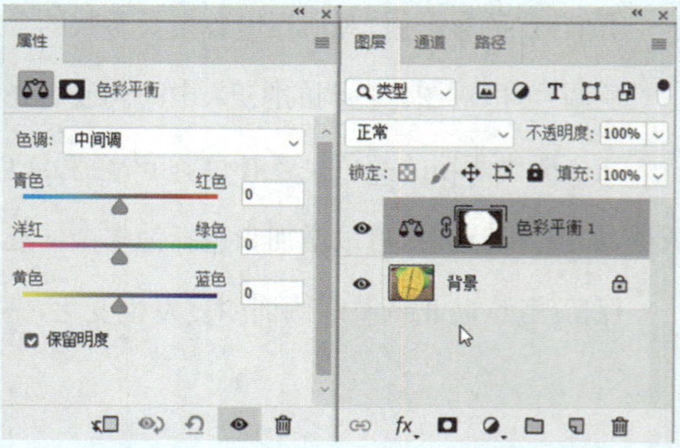

图 4－18　打开“色彩平衡”对话框

3. 因为芒果主体的中间调偏“绿”，因此可以向左移动第二个滑块增加互补色“洋红”色，以抵消“绿”色。或者利用色彩原理增加“红”色与“蓝”色，以抵消“绿”色，达到校正偏“绿”的目的，如图 4－19 所示。

图 4－19　调整“色彩平衡”参数

4. 点击“色彩平衡”面板右上角的关闭按钮，关闭“色彩平衡”面板，按快捷键【Ctrl＋D】取消选区命令，即可完成最终效果图的制作。

4.1.7　通道混合器

在 Photoshop 中，通道用于保存图像色彩的信息。利用“通道混合器”，可以调整保存在通道中的颜色，从而改变图像的颜色。选择“调整”面板，单击“通道混合器”按钮，即可打开“通道混合器”对话框。“通道混合器”对话框中各选项的含义如下。

扫码观看视频

预设：通过下拉列表对图像进行预设的参数调整，主要用于创建图像的黑白效果。

输出通道：可以在下拉列表选择要设置的通道。

源通道：有红、绿、蓝通道值可以修改。调整结果将反映到“通道”面板和图像上。

常数：用于调整输出通道的灰度值。

单色：用于将彩色图像转换为单色图像。

使用“通道混合器”调色的原理：在加色模式下“红色＋绿色＝黄色、红色＋蓝色＝品红色、蓝色＋绿色＝青色”。在“通道混合器”中，如需将绿色调整为黄色，可利用“红色＋绿色＝黄色”的原理。只需在输出通道选择“红”，将“绿色”调整为“100％”，即可将绿色调整为黄色，如图 4－20 所示。

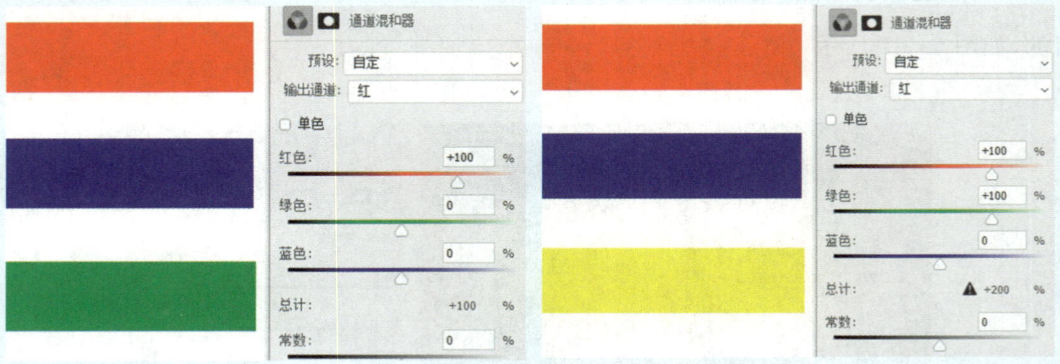

图 4－20 “通道混合器”调色原理

利用“通道混合器调色原理”可以调整图像的色彩，如图 4－21 所示。

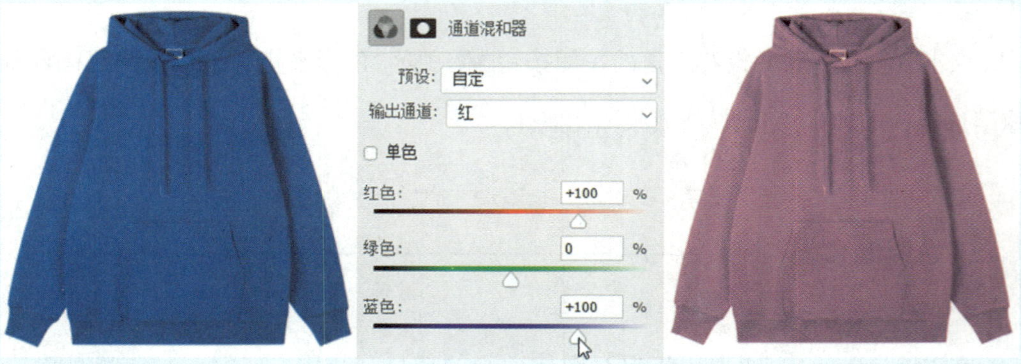

图 4－21 利用通道混合器调整颜色

“通道混合器”在平时的使用过程中，较为常用的功能是将彩色图像转换为高品质的黑白图像，如图 4－22 所示。

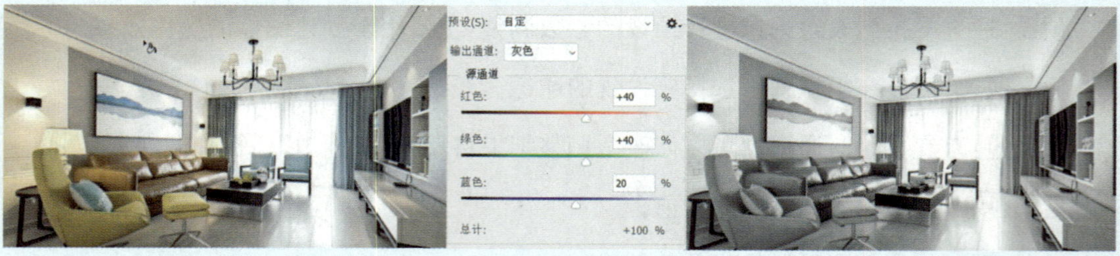

图 4－22 转换图像为高级灰

4.2　特殊颜色处理

在网店美工设计的工作中，有时需要对图像进行特殊颜色的处理，如反相、色调分离、阈值、替换颜色和匹配颜色命令等。通过这些命令，图像可以产生丰富的色彩变化，从而实现网店美工设计的目的。

扫码观看视频

4.2.1　反　相

“反相”命令的功能是调整反转图像中的颜色。RGB 的颜色模式中，亮度的值为 0 至 255，执行“反相”命令时，通道中每个像素的亮度值都会转换为 256 级亮度值刻度上相反的值。如原图中的值为 255 的像素会被转换为 0，值为 5 的被转换为 250。

“反相”命令主要用于对图像的选定区域应用锐化或做其他调整。单击“调整”面板下方的“反相”命令按钮，即可打开“反相”对话框，如图 4－23 所示。

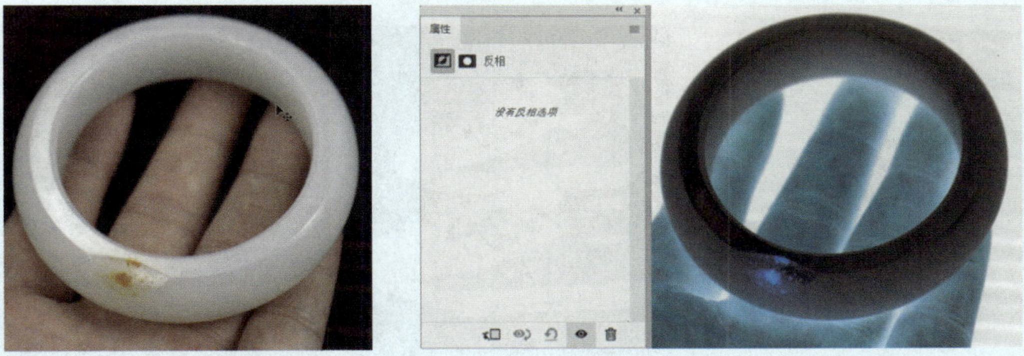

图 4－23　“反相”命令调整图像

4.2.2　色调分离

“色调分离”命令是将图像中的色调进行分离，主要用于降低图像中的灰阶值。它会将原本是由紧紧相邻的渐变色阶构成的像素替换成突然转变的数种颜色的像素。这种转变称作“跳阶”。

单击“调整”面板中的“色调分离”图标，即可打开“色调分离”对话框。在对话框中，“色阶”是系统将 256 阶的亮度值进行分配，值越大，图像产生的变化越小；反之，图像产生的变化越大。如图 4－24 所示。

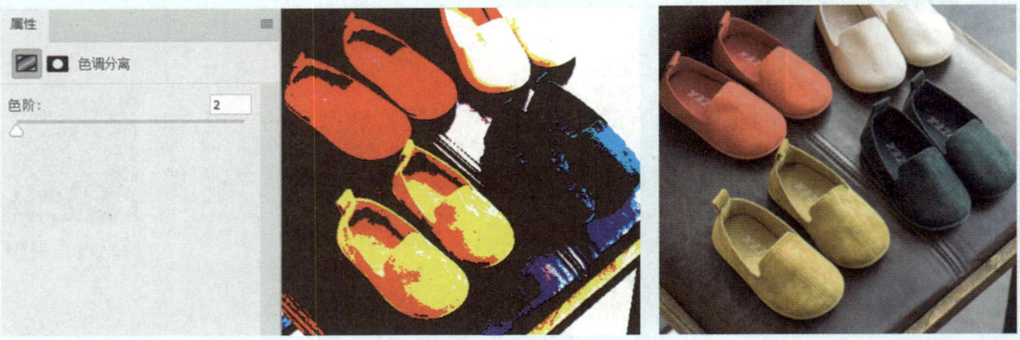

图 4－24 “色相分离”调整图像

4.2.3 阈 值

“阈值”命令主要用于提高图像色调的反差度。使用该命令，可以将灰度或彩色图像转换为高对比度的黑白图像。在“阈值”对话框中，可以设置色阶作为阈值，设置后图像中比阈值亮的像素将转换为白色，比阈值暗的像素将转换为黑色。如图 4－25 所示。

图 4－25 “阈值”调整图像

4.2.4 替换颜色

“替换颜色”命令主要用于将图像中的颜色用指定的新颜色进行替换。选择菜单栏中的【图像】→【调整】→【替换颜色】命令，即可打开“替换颜色”对话框。利用“吸管工具”在图像窗口或预览框中吸取需要进行替换的颜色区域，在“颜色容差”文本框中输入数值，对选取的颜色进行替换。

扫码观看视频

课堂练习——更换雨伞的彩色

【学习目标】学习“替换颜色”命令的使用方法。

【知识要点】使用“替换颜色”选取选区，设置结果色进行替换，效果如图 4－26 所示。

图 4－26　最终效果图

【效果图所在位置】配套素材\模块 4\课堂练习\最终效果\03 更换雨伞的颜色(效果). psd

1. 打开“配套素材\模块 4\课堂练习\原始素材\03 更换雨伞的颜色\01 素材. png”。按快捷键【Ctrl＋J】复制图层，生成“图层 1”，如图 4－27 所示。

图 4－27　复制图层

2. 选中“图层 1”，点击菜单栏中的【图像】→【调整】→【替换颜色】命令，打开“替换颜色”对话框。

3. 利用吸管工具建立选区，设置“颜色容差值”为 97。将鼠标放到结果色位置处，点击弹出“拾色器”对话框，选择所需的颜色。如图 4－28 所示。

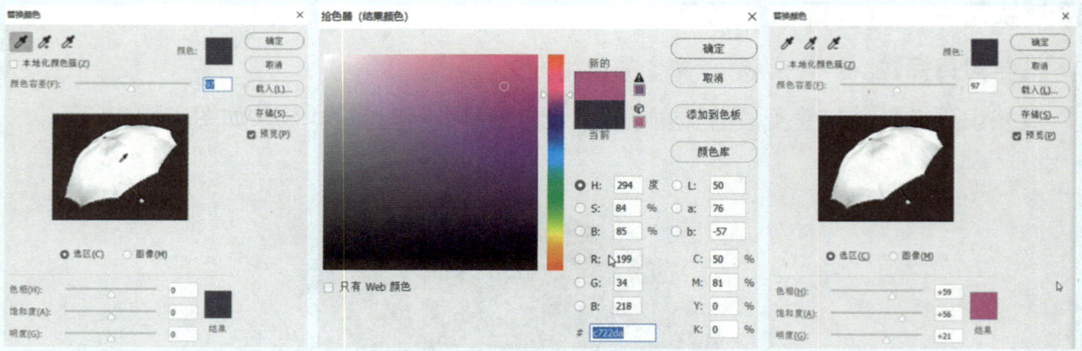

图 4－28　设置“替换颜色”参数

4. 点击“确定”按钮，即可完成效果图的制作，如图 4－29 所示。

图 4－29　替换颜色前后对比

4.2.5　匹配颜色

“匹配颜色”命令主要用于对不同色调的图像进行调整，使之成为统一协调的色调。该命令在合成不同色调的图像时非常有用。“匹配颜色”命令可以在打开的多个图像之间，或者一个图像的多个图层之间或者多个选区之间进行颜色的匹配。“匹配颜色”只能在图像为 RGB 颜色模式下进行，其他模式不可使用。

点击菜单栏中的【图像】→【调整】→【匹配颜色】，可打开“匹配颜色”对话框。打开两张不同色彩的图像，将图 4－30 作为目标图像，将图 4－31 作为源图像。

图 4－30　目标图像

图 4－31　源图像

目标图像即需要进行匹配颜色的图像。源图像即匹配颜色时参考的图像。匹配时，“目标图像”的颜色会参考“源图像”进行匹配调整，如图 4－32 所示。

图 4－32　匹配颜色

4.3　课后练习——增强产品图的色彩鲜艳度

【知识要点】利用“亮度/对比度”以及“色相/饱和度”调整，最终完成效果图制作。

【素材所在位置】配套素材\模块 4\课后练习\原始素材\01 增强产品图的色彩鲜艳度。

【效果图所在位置】配套素材\模块 4\课后练习\最终效果\01 增强产品图的色彩鲜艳度(效果).psd，如图 4－33 所示。

图 4－33　最终效果图

模块5

网店美工设计的图像的修复与修饰

模块介绍

本模块主要介绍网店美工设计图像的修复与修饰；利用污点修复画笔工具、修复画笔工具、修补工具、内容感知移动工具、红眼工具、仿制图章工具等对图像进行修复；利用模糊工具、锐化工具、减淡工具、加深工具、海绵工具、渐变工具、画笔工具、混合器画笔工具对图像进行修饰。通过本模块的学习，读者可以掌握网店美工设计的图像修复与修饰方法和技巧等基础知识。

学习目标

知识目标

- 了解网店美工设计图像修复与修饰命令的概念；
- 理解修复与修饰图像的基本原理。

技能目标

- 掌握污点修复画笔工具组的使用方法；
- 掌握仿制图章工具组修复图像的技巧；
- 掌握模糊工具组的使用方法；
- 掌握利用渐变工具无缝拼接图像的方法；
- 掌握画笔工具的使用方法的技巧。

素养目标

- 树立爱岗敬业意识；
- 培养工匠精神；
- 树立美学意识。

5.1　网店图像的修复

在网店美工设计的过程中，经常需要对有污点或瑕疵的商品图像进行修复，从而得到较为完美的效果图。Photoshop 提供了多种图像修复的工具，下面将逐一学习。

5.1.1　污点修复画笔工具

“污点修复画笔工具”组 是修复图像常用的工具组，包括污点修复画笔工具、修复画笔工具、修补工具、内容感知移动工具、红眼工具共 5 个工具。

“污点修复画笔工具”修复图像的原理是：自动识别污点周围图像的像素色彩，用污点位置周围的像素色彩，智能填充污点像素，达到修复图像的效果。

利用“污点修复画笔工具”可以快速去除图像中的污点和其他有瑕疵的部分。使用该工具时，只需要在图像中有污点或瑕疵的部位点击鼠标左键，即可快速修复污点或瑕疵部位。

首先点击工具箱中的“污点修复画笔工具” ，然后在属性栏中进行参数设置，如图 5－1 所示。各主要选项含义如下所述。

图 5－1　“污点修复画笔工具”属性栏

内容识别：点击需要修复的位置，软件会自动在其周围取样，通过计算对其进行光线和明暗的匹配，并进行羽化融合。该选项是较为常用的选项。

创建纹理：点击可以创建纹理，纹理为软件自带的，不可以更改。

近似匹配：使用工具边缘的像素来修补图像。

如图 5－2 所示，就是使用“污点修复画笔工具”修复污点前后的对比图像。

图 5－2　“污点修复画笔工具”修复图像的对比图

5.1.2 修复画笔工具

“修复画笔工具”修复图像的原理是:通过从图像中进行取样或利用图案来填充所需修复的图像,从而实现修复的目的。“修复画笔工具”的属性栏如图 5－3 所示。各主要选项含义如下所述。

扫码观看视频

图 5－3 “修复画笔工具”属性栏

取样:从图像中取样来对图像的瑕疵进行修复。

图案:利用软件自带的图像或自定义图案来填充图像。选用该选项直接涂抹即可,不需要取样,类似图案叠加。如果需要自定义图案,可以打开需要自定义图案的图像,点击菜单栏中的【编辑】→【定义图案】,即可完成自定义图案。

对齐:勾选对齐后,吸取点跟随修复点移动。

在使用“修复画笔工具”修复图像时,需先按住【Alt】键,点击鼠标左键进行取样,松开【Alt】键,再点击或涂抹需要修复的瑕疵位置,即可用取样点的图像填充瑕疵位置,图像边缘可自动融合。在修复时,画笔尽量要比修复的区域大,否则修复效果不是很理想。

图 5－4 分别是使用“修复画笔工具”去除水印的前后对比图像。

图 5－4 使用“修复画笔工具”去除水印对比图

5.1.3　修补工具

“修补工具”主要用于修改图片中面积相对较大的瑕疵或污点。使用该工具时，拖动鼠标建立需要修复的选区，拉取需要修复的选区拖动到附近完好的区域即可实现修补。“修补工具”的属性栏如图 5－5 所示。各主要选项含义如下所述。

扫码观看视频

图 5－5　“修补工具”属性栏

源：需修复的选区位置被鼠标停留的位置所覆盖。即选项为“源”的时候，拉取污点选区到完好区域可实现修补。

目标：建立选区的位置覆盖鼠标停留位置。即选项为“目标”的时候，选取足够盖住污点区域的选区并拖动到污点区域，盖住污点可实现修补。

透明：将图像中差异较大的形状或色彩修补到目标位置。

课堂练习——修复有污点的商品图

【学习目标】学习“修补工具”命令的使用方法。

【知识要点】使用“修补工具”为污点建立选区，拖动选区到正常位置完成修补，利用色相/饱和度使色彩更加艳丽，效果如图 5－6 所示。

图 5－6　最终效果图

【效果图所在位置】配套素材\模块 5\课堂练习\最终效果\01 修复有污点的商品图(效果). psd

1. 打开“配套素材\模块 5\课堂练习\原始素材\01 修复有污点的商品图\01 素材. jpg”。

按快捷键【Ctrl+J】复制图层，生成“图层 1”，如图 5－7 所示。

图 5－7　复制图层

2. 使用“修补工具”为污点区域建立选区，在工具属性栏选择选项“源”，拉取选区拖动到附近完好的区域实现修补，如图 5－8 所示。为便于操作和精确选取，可通过按快捷键【Ctrl+“+”】放大显示图像进行操作。

图 5－8　修补污点区域

3. 利用相同的方法，对所有污点进行修复，效果如图 5－9 所示。

图 5－9　完成图像修补

4. 选择“调整”面板，点击“色相/饱和度”命令按钮，打开“色相/饱和度”对话框，在“全图”下拉列表中选择商品主体颜色“黄色”，向左滑动“色相”滑块适当降低色相参数，向右滑动“饱和度”滑块适当增加图像饱和度，使图像主体色彩更加丰富艳丽，如图 5－10 所示。

5. 参数设置完成以后，单击“调整”面板左上角的关闭按钮，关闭“色相/饱和度”对话框即可完成图像的调色。

图 5－10　“色相/饱和度”调整

5.1.4　内容感知移动工具

“内容感知移动工具”可以移动或复制图像中某个区域位置的图像。移动之后，被移动的区域可以自动识别周边填充。使用“内容感知移动工具”，可以在需要修改的位置绘制选区，再移动选区到所需移动或复制的位置即可。其工具属性栏如图 5－11 所示。各主要选项含义如下所述。

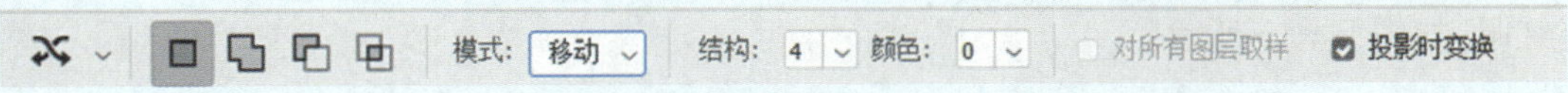

图 5－11　“内容感知移动工具”属性栏

模式：列表有“移动”和“扩展”两个选项。

移动：用于移动选区内的图像，如图 5－12 所示。

扩展：用于复制选区内的图像，如图 5－13 所示。

结构：用于收缩显示或扩展显示选区内的图像内容。

颜色：用于调整选区内图像内容的颜色。

投影时变换：勾选该选项，在移动或扩展图像内容时，在图像内容上会出现自由变换的控制柄，可以对选区内的图像进行自由变换。

图 5-12　移动选区内图像

图 5-13　复制选区内图像

5.1.5　红眼工具

一般在光线昏暗的情况下拍摄人物照片时，因使用灯光或闪光灯瞳孔会出现红点、白点等反射光点。使用“红眼工具”，可以轻松去除照片中的红眼。其工具属性栏如 5-14 所示。

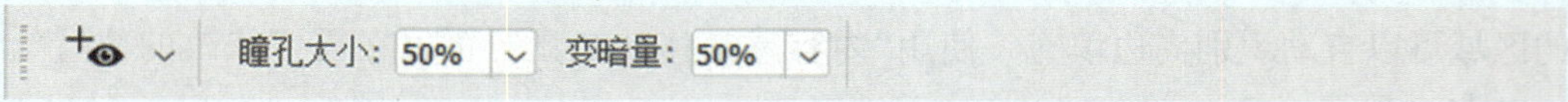

图 5-14　“红眼工具”属性栏

使用“红眼工具”，只需设置“瞳孔大小”和“变暗量”参数，点击红眼部位，即可自动修复红眼，如图 5-15 所示。

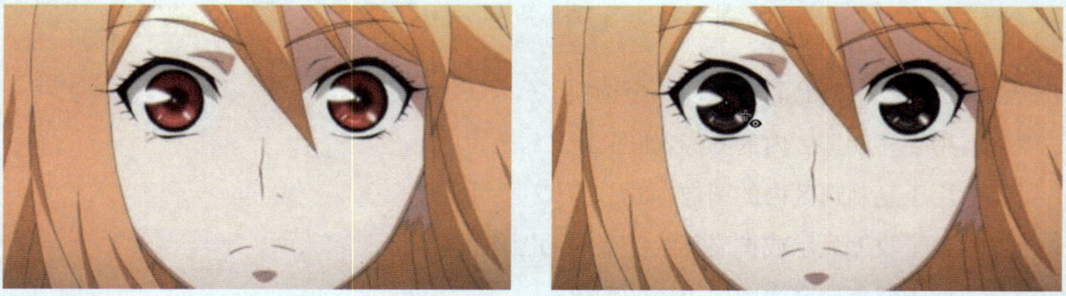

图 5-15　修复红眼对比图

5.1.6　仿制图章工具

“仿制图章工具”组包括“仿制图章工具”和“图案图章工具”。该工具的使用方法与“修复画笔工具”一致。“仿制图章工具”与“修复画笔工具”的区别：

“仿制图章工具”是无损仿制，取样是什么状态，仿制出来就是什么状态。

“修复画笔工具”在涂抹时，软件进行自动运算，将取样图像和目标位置融合，让图像自动融入周围环境。

“图案图章工具”的使用方法与“图案填充”类似，可以用定义的图案填充图像。

“仿制图章工具”的属性栏如图 5－16 所示。

图 5－16　“仿制图章工具”属性栏

使用“仿制图章工具”时，需按住【Alt】键单击图像进行取样，定义作为源的点，再把鼠标移动到图像的其他需要仿制的位置上，或者另一张图像上，最后按住鼠标左键拖动，即可复制取样点的图像，如图 5－17 所示。

图 5－17　“仿制图章工具”复制图像

5.2 网店图像的修饰

利用修饰工具对图像进行修饰，可以使图像产生不同的变化效果，达到突出网店图像主体和产品卖点的目的。

5.2.1 模糊工具

“模糊工具”.用于模糊区域图像，让图像产生模糊的效果，从而达到柔化图像、降低图像细节的目的。使用“模糊工具”，可通过设置工具属性栏的参数，让图像达到不同的模糊效果和强度。“模糊工具”属性栏如图 5－18 所示。各主要选项含义如下所述。

图 5－18 “模糊工具”属性栏

画笔：用于设置画笔的大小、硬度和形状。

模式：用于设置不同的模糊模式。

强度：用于设置压力的大小，即模糊的强度。

使用“模糊工具”设定参数以后，在图像中单击需要模糊的区域，按住鼠标左键进行涂抹，即可在涂抹区域产生模糊的效果。原图和效果图的对比如图 5－19 所示。

图 5－19 模糊图像前后对比

5.2.2　锐化工具

“锐化工具”△与“模糊工具”相对，主要用于让图像产生清晰的效果。使用“锐化工具”，只需在图像中点击需要锐化的区域，再按住鼠标左键进行涂抹，即可让涂抹区域的图像更加清晰。原图和效果图的对比如图 5－20 所示。

图 5－20　锐化图像前后对比

5.2.3　减淡工具

“减淡工具”主要用于调亮图像中的区域，使图像变得更亮。使用“减淡工具”时，只需把鼠标移到需要减淡的位置，按住左键并进行拖曳，即可实现减淡。原图和效果图的对比如图 5－21 所示。

图 5－21　减淡图像前后对比

5.2.4 加深工具

“加深工具”的作用与“减淡工具”相对，主要用于降低图像的亮度，使图像变得更暗。选择“加深工具”，在图像中把鼠标移到需要加深的位置，再按住鼠标左键并进行拖曳，即可实现加深效果。原图和效果图的对比如图 5－22 所示。

扫码观看视频

图 5－22 加深图像前后对比

课堂练习——绘制鸡蛋效果图

【学习目标】学习加深工具、减淡工具的使用方法。

【知识要点】使用“椭圆工具”绘制椭圆选区，进行“透视”变形，填充颜色，利用“加深工具”“减淡工具”塑造鸡蛋光影，利用“模糊工具”制作阴影，让鸡蛋效果更加立体，最终效果如图5－23所示。

图 5－23 最终效果图

【效果图所在位置】配套素材\模块 5\课堂练习\最终效果\02 绘制鸡蛋效果图(效果).psd

1. 打开软件，按快捷键【Ctrl＋N】新建文档，在弹出的对话框中预设详细信息为“绘制鸡蛋效果图”，设置宽度和高度为 800 像素，分辨率为 72 像素/英寸，颜色模式为 RGB，背景内容为白色，如图 5－24 所示。设置完毕后，点击“创建”按钮完成文档创建。

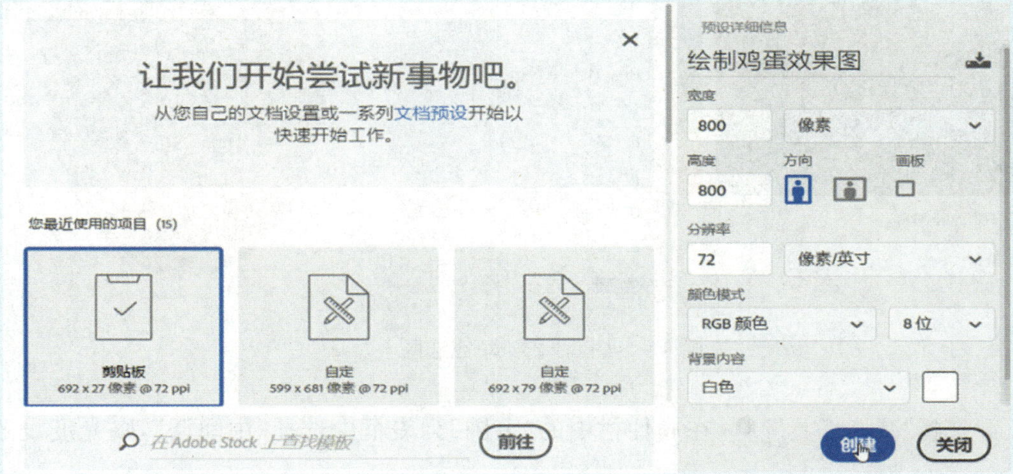

图 5－24　“新建”命令对话框

2. 按快捷键【Ctrl＋Shift＋Alt＋N】新建图层，生成“图层 1”，再选择“椭圆选框工具”，在“图层 1”绘制椭圆，如图 5－25 所示。

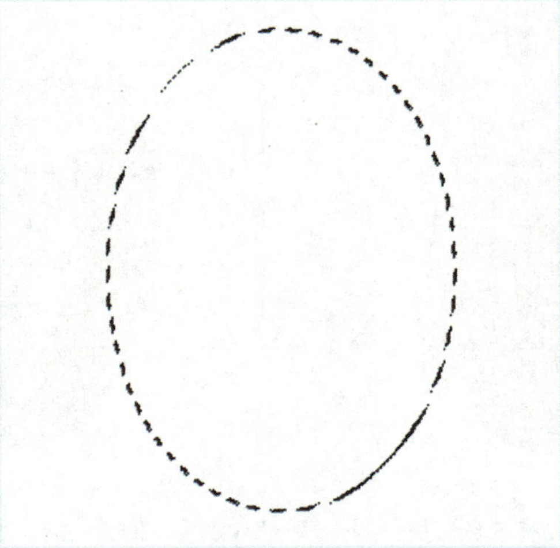

图 5－25　绘制选区

3. 设置前景色的 RGB 值为 215、166、134，按快捷键【Alt＋Delete】填充前景色，如图 5－26 所示。

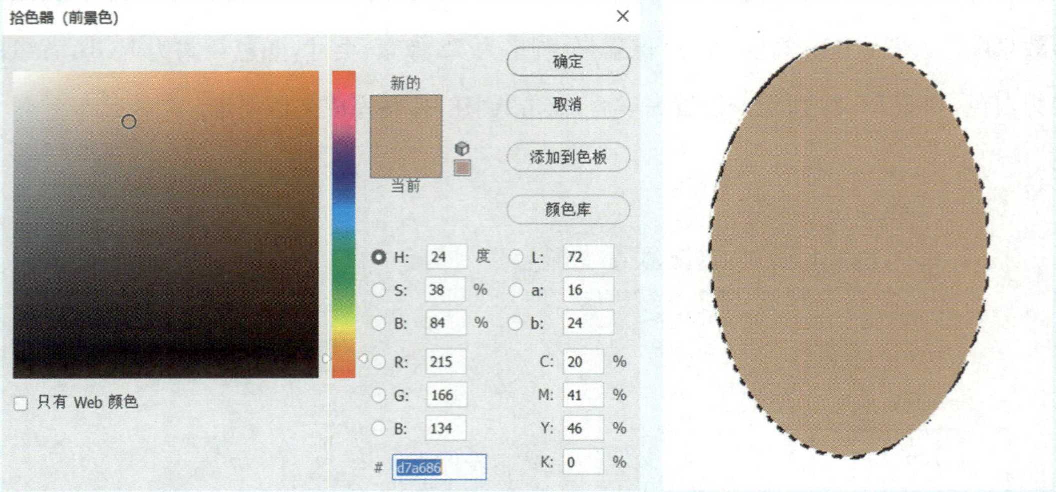

图 5－26　填充选区

4. 选择“减淡工具”，在属性栏中的“范围”列表框中选择“中间调”，曝光度设置为 10％，勾选“保护色调”，在椭圆选区右边及右上角涂抹，如图 5－27 所示。

5. 选择“加深工具”，在属性栏中的“范围”列表框中选择“阴影”，曝光度设置为 10％，勾选“保护色调”，在椭圆选区左边及左下角涂抹。按快捷键【Ctrl＋D】取消选区，如图 5－28 所示。

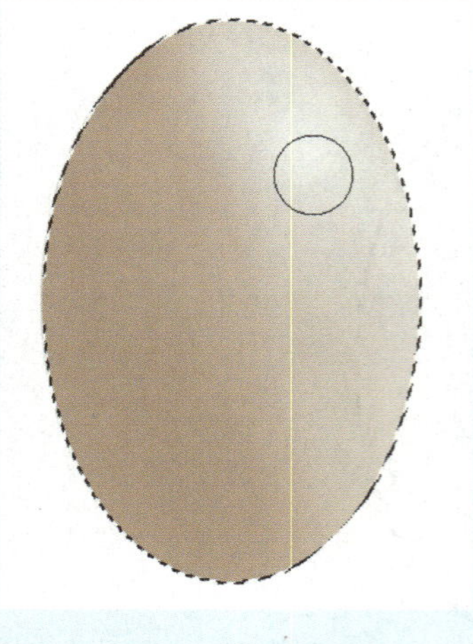

图 5－27　减淡工具涂抹

图 5－28　加深工具涂抹

6. 按快捷键【Ctrl＋Shift＋Alt＋N】新建图层，生成“图层 2”，用鼠标把“图层 2”拖到“图层 1”下方。选择“图层 2”，点击“椭圆工具”，在属性栏设置羽化值为 20，设置前景色为黑色，绘制选区并按快捷键【Alt＋Delete】填充前景色，如图 5－29 所示。

图 5－29　羽化并填充选区

7. 按快捷键【Ctrl＋D】取消选区，利用“移动工具”把“图层 2”移动到合适的位置，按快捷键【Ctrl＋T】执行自由变换命令，旋转并调整图像大小，如图 5－30 所示。完成调整后，按回车键确认。设置“图层”面板的“不透明度”为 55％，即可完成效果图制作，如图 5－31 所示。

图 5－30　自由变换

图 5－31　降低不透明度

5.2.5 海绵工具

“海绵工具”主要用于增加或降低图像中某个区域的颜色饱和度。点击“海绵工具”时，其工具属性栏如图 5 - 32 所示。各主要选项含义如下所述。

图 5 - 32 “海绵工具”属性栏

模式：可选择“加色”与“去色”模式，分别用于增加和降低图像区域的颜色饱和度。

流量：用于设置调整图像饱和度的压力。

自然饱和度：智能提升画面中饱和度的颜色，防止图像在调整时因过度饱和而产生溢色。

选择“海绵工具”，在图像中把鼠标移到需要调整饱和度的位置，按住鼠标左键并进行拖曳，即可实现增加或降低区域饱和度的效果。原图和效果图的对比如图 5 - 33 所示。

图 5 - 33 “海绵工具”调整图像饱和度

5.2.6 渐变工具

“渐变工具”用于创建颜色之间的渐变混合，其属性栏如图 5 - 34 所示。各主要选项的含义如下所述。

扫码观看视频

图 5 - 34 “渐变工具”属性栏

渐变工具包括了五种渐变：线性渐变、径向渐变、角度渐变、对称渐变和菱形渐变。

“点按可编辑渐变”：用于选择系统默认的渐变或新建编辑自定义的渐变。

模式：用于选择渐变的混合模式。

不透明度：用于调整渐变填充的不透明度。

反向：用于设置图像渐变的反向。

仿色：可以使色彩过渡更加平滑。

透明区域：用于填充渐变时获得透明的效果。

如需自定义渐变，可单击“点按可编辑渐变”按钮，弹出“渐变编辑器”对话框，在编辑器中进行编辑。渐变条下方的控制点称为“色标”，双击“色标”，可弹出“拾色器”对话框，用于设置该色标的颜色，如图 5－35 所示。

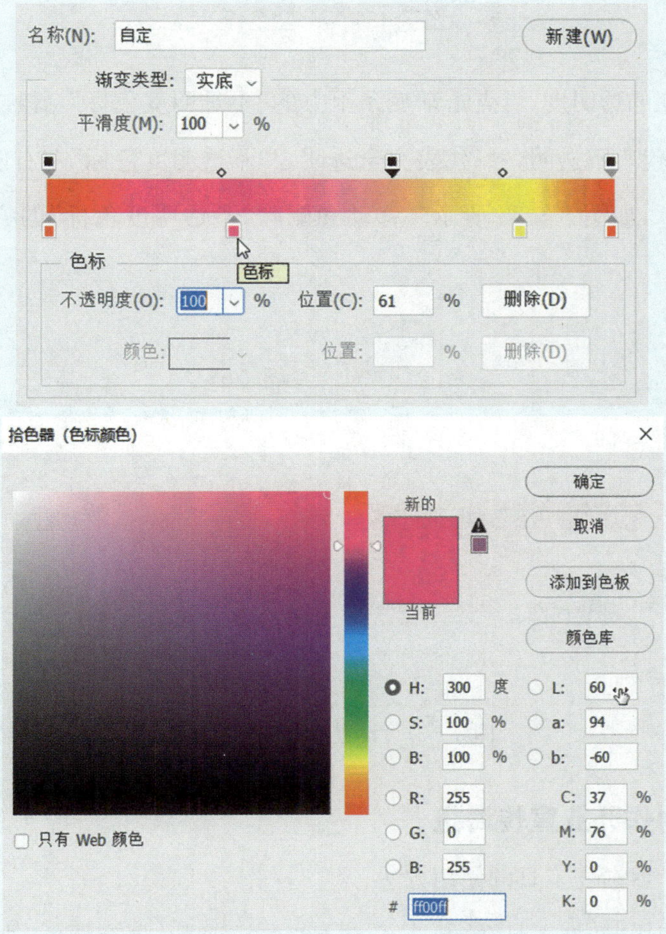

图 5－35　在“渐变编辑器”中设置色标

如果需要移动“色标”位置，用鼠标左右拖动即可实现；如需新建“色标”，把鼠标放到渐变条下方，鼠标会变成形状，单击即添加“色标”，如图 5－36 所示。如需删除“色标”，选中“色标”，点击下方的“删除”即可；或按【Delete】键删除；或按住鼠标左键，直接把“色标”拖离渐变条即可实现。

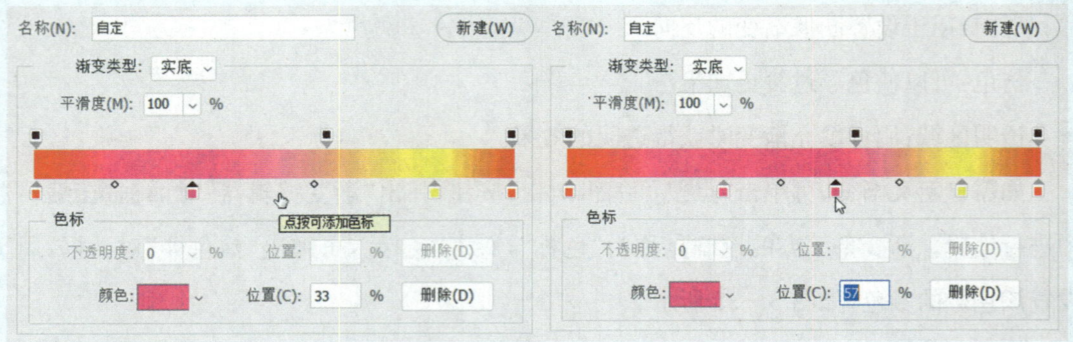

图 5－36　新建“色标”

如需更改渐变的透明度，可点击渐变条上方的“不透明度色标”，并在下方设置“不透明度”的参数，100％代表不透明，0％代表完全透明。“不透明度色标”左右两边的菱形标记代表“不透明度中点”，如图 5－37 所示。移动和删除“不透明度色标”的方法与“色标”操作一致。

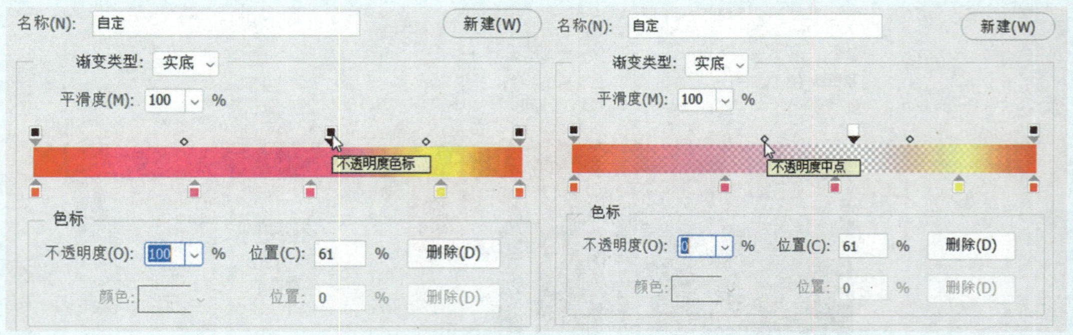

图 5－37　设置“不透明度色标”

课堂练习——制作开业宣传海报

【学习目标】学习渐变工具的使用方法。

【知识要点】使用“选框工具”绘制选区，进行“透视”变形，填充颜色，执行“再制”命令，用“渐变工具”完成背景制作，如图 5－38 所示。

图 5－38　最终效果图

【效果图所在位置】配套素材\模块 5\课堂练习\最终效果\03 制作开业宣传海报（效果）. psd

1. 打开软件，按快捷键【Ctrl＋N】新建文档，在弹出的对话框中预设详细信息为“制作开业宣传海报”，设置宽度为 800 像素，高度为 342 像素，分辨率为 72 像素/英寸，颜色模式为 RGB，背景内容为白色，如图 5－39 所示。设置完毕后，点击“创建”按钮完成文档创建。

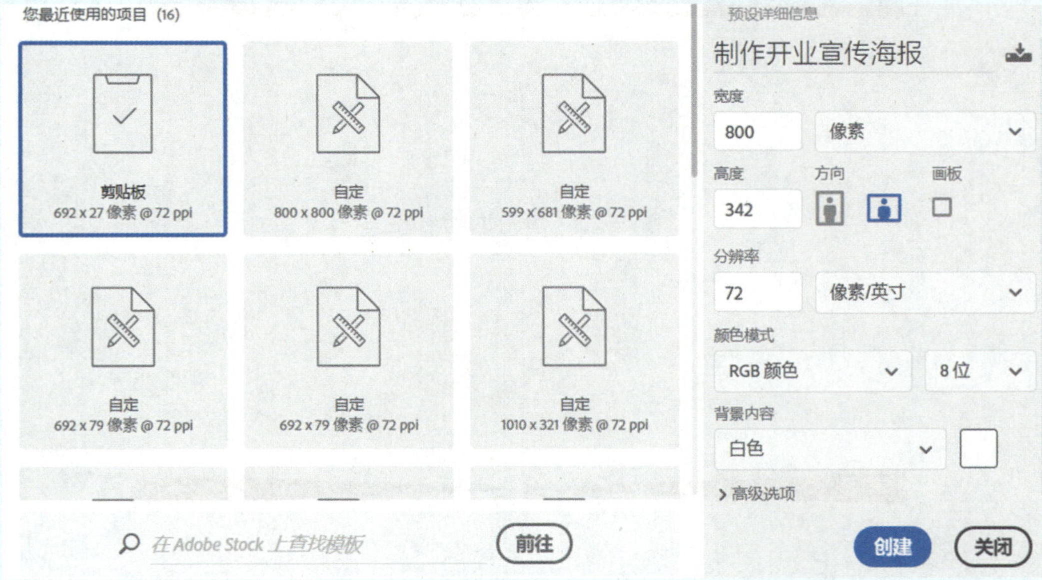

图 5－39　“新建”命令对话框

2. 通过菜单栏【视图】→【新建参考线】在 6 厘米和 14 厘米处新建水平和垂直参考线，按快捷键【Ctrl＋Shift＋Alt＋N】新建图层，生成“图层 1”，选择“矩形选框工具”，在“图层 1”

上绘制矩形选区，如图 5－40 所示。

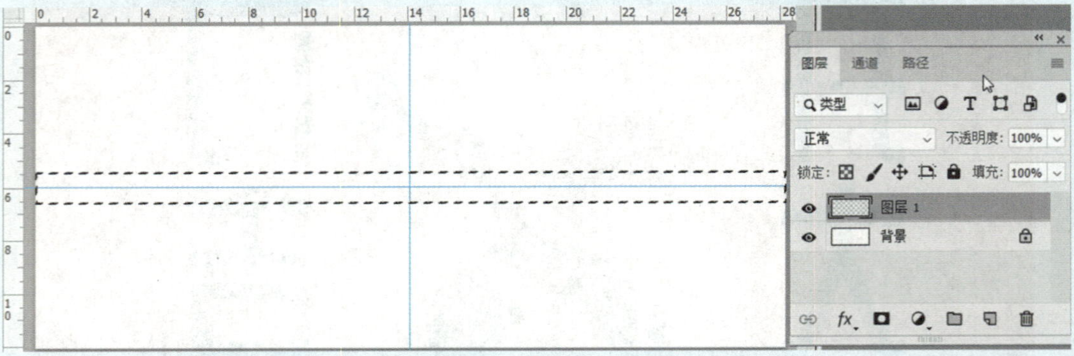

图 5－40　绘制选区

3. 设置前景色的 RGB 值为 235、46、13，按快捷键【Alt＋Delete】填充前景色，按快捷键【Ctrl＋D】取消选区，如图 5－41 所示。按快捷键【Ctrl＋T】执行自由变换命令，再按住快捷键【Alt＋Ctrl】透视变形图像，如图 5－42 所示。调整完毕后按回车键确认。

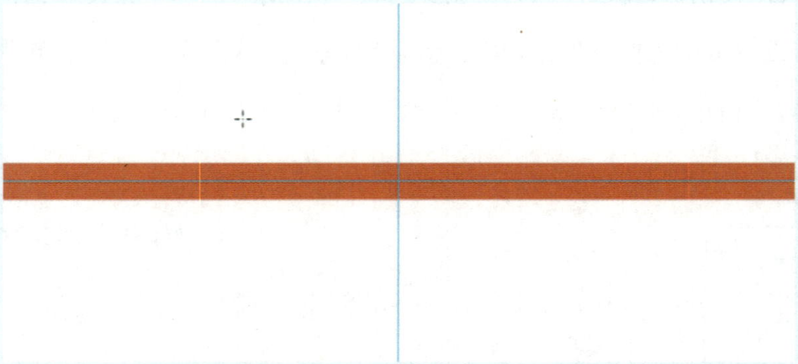

图 5－41　填充并取消选区

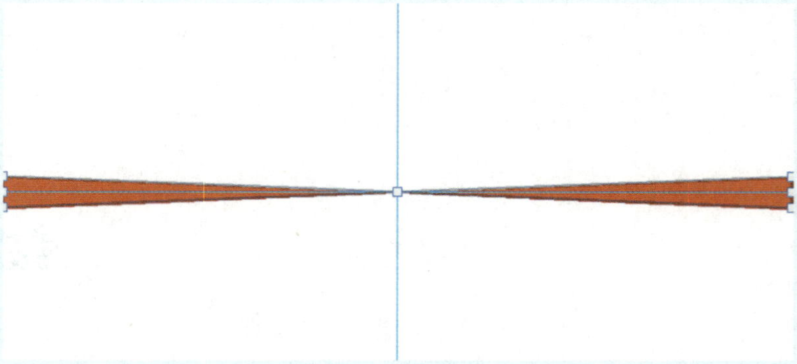

图 5－42　透视变形图像

4. 选择“图层 1”，按快捷键【Ctrl+J】复制图层，生成“图层 1 拷贝”，按快捷键【Ctrl+T】执行自由变换命令，设置属性栏旋转角度为 15 度，并按回车键进行确认，如图 5-43 所示。

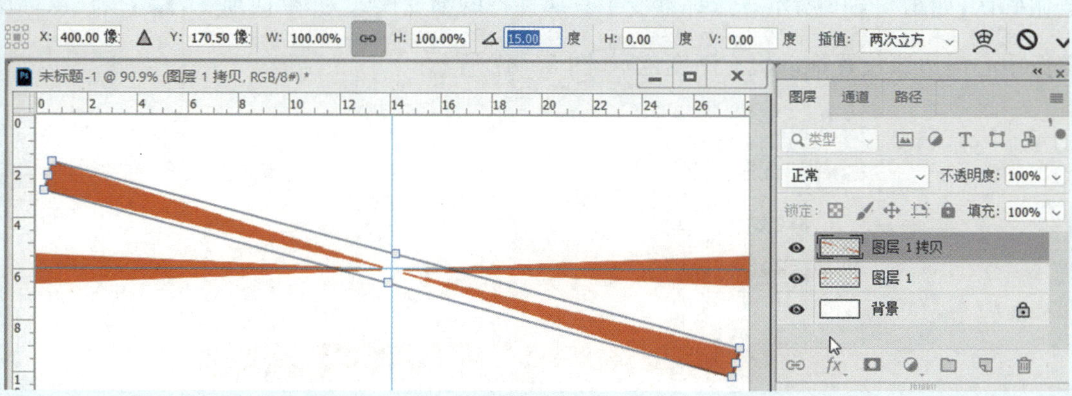

图 5-43　透视变形复制的图像

5. 重复按快捷键【Ctrl+Shift+Alt+T】执行再制命令，如图 5-44 所示。

图 5-44　再制图像

6. 按住【Shift】键选择“图层 1”至“图层 1 拷贝 11”，执行快捷键【Ctrl+E】合并图层，按快捷键【Ctrl+T】执行调整放大图像，如图 5-45 所示。

图 5-45　合并及自由变换图像

7. 选择“背景”图层，点击工具箱中的“渐变工具”，在弹出的对话框中设置渐变色，左侧“色标”值为＃ffddd5，右侧“色标”值为＃ee3816，“不透明度色标”值均为100％；点击“确定”按钮确认，如图5－46所示。选择渐变工具属性栏的渐变模式为“径向渐变”，按住鼠标从图像中心向边缘位置拖动填充渐变色，如图5－47所示。

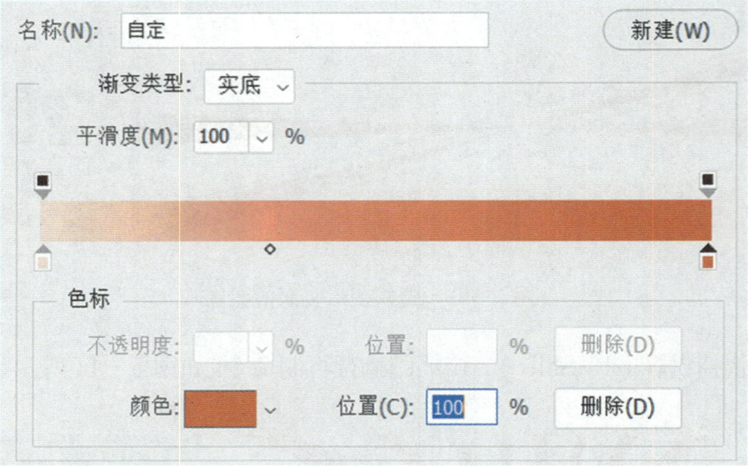

图5－46　设置渐变色

图5－47　填充渐变色

8. 按住【Ctrl】键，点击图层面板的“图层1拷贝11”缩略图，为该图层建立选区，如图5－48所示。选择“渐变工具”，按住鼠标从图像中心向边缘位置拖动填充渐变色，按快捷键【Ctrl＋D】取消选区，如图5－49所示。

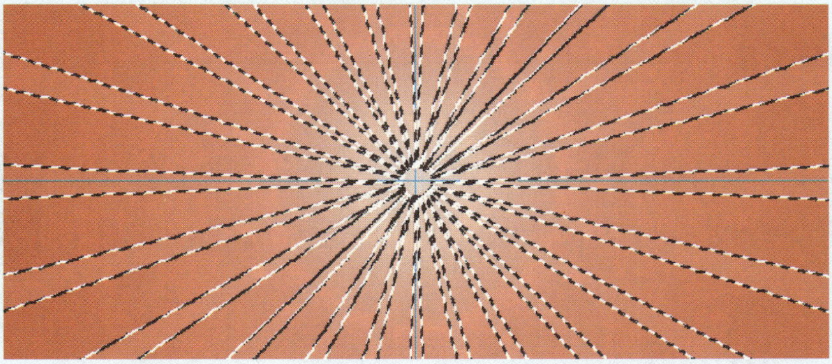

图 5－48　建立选区

图 5－49　填充渐变色

9. 按快捷键【Ctrl＋O】，打开“配套素材\模块 5\课堂练习\原始素材\03 制作开业宣传海报\01 素材”，利用“移动工具”把该素材拖到“图层 1 拷贝 11”的上面，调整位置及大小，即可完成效果图制作，如图 5－50 所示。

图 5－50　拖动素材至背景图像

5.2.7 画笔工具

“画笔工具”是绘制图像常用的工具之一。它可以给图像上色、绘制线条，也可以绘制出各种漂亮的图案。点击“画笔工具”，其工具属性栏如图 5－51 所示。

扫码观看视频

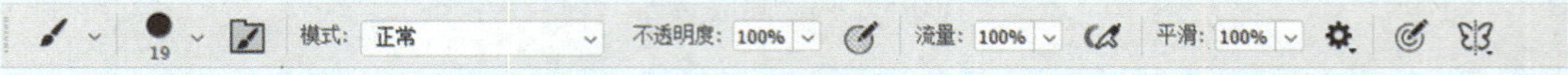

图 5－51　“画笔工具”属性栏

“画笔预设”按钮：用于设置画笔大小、硬度、选择软件预置的画笔形状，也可以通过“设置”按钮进行新建画笔、删除画笔、复位画笔、导入画笔等操作，如图 5－52 所示。

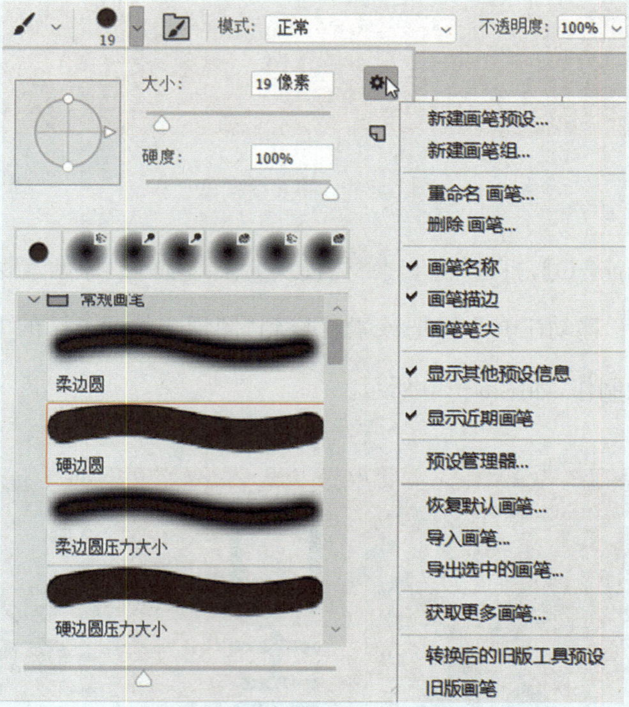

图 5－52　“画笔预设”界面

在 Photoshop 中导入画笔时，可从网上下载文件格式后缀名为. abr 的画笔素材，通过“导入画笔”按钮导入。

“启用喷枪样式”按钮：可以启用喷枪效果。

“对称模式”按钮：用于绘制对称的图画效果，如图5－53所示。

流量：用于控制绘画时颜色的流动速度，参数越大，颜色流动速度越快，颜色的饱和度就越高。

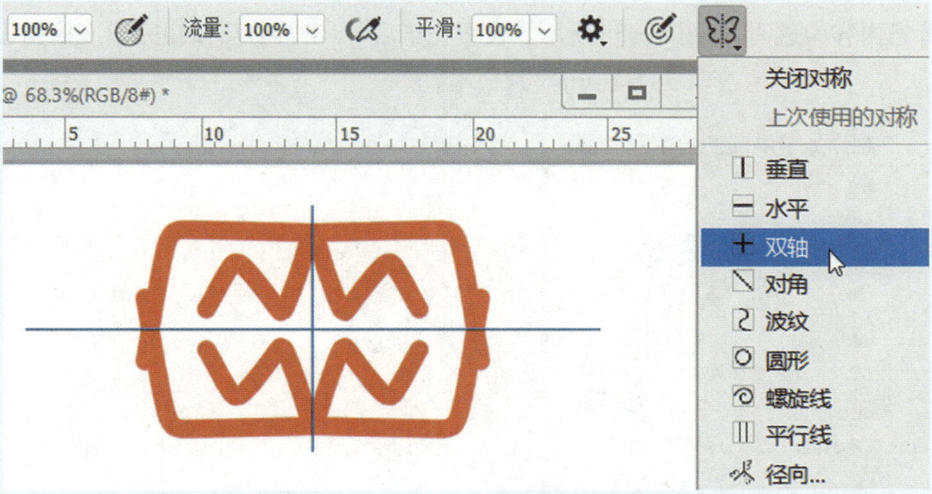

图5－53　“对称模式”绘图

课堂练习——制作冰淇淋泡泡枪主图

【学习目标】学习画笔工具的使用方法。

【知识要点】使用“椭圆工具”绘制选区，填充颜色，收缩选区并羽化，删除内部，打开“画笔面板”设置，在图像素材中绘制气泡，效果如图5－54所示。

图5－54　最终效果图

【效果图所在位置】配套素材\模块 5\课堂练习\最终效果\04 制作冰淇淋泡泡枪主图(效果). psd

1. 打开软件，按快捷键【Ctrl＋N】新建文档，在弹出的对话框中预设详细信息为“制作冰淇淋泡泡枪主图”，设置宽度和高度均为 300 像素，分辨率为 72 像素/英寸，颜色模式为 RGB，背景内容为透明，如图 5－55 所示。设置完毕后，点击“创建”按钮完成文档创建。

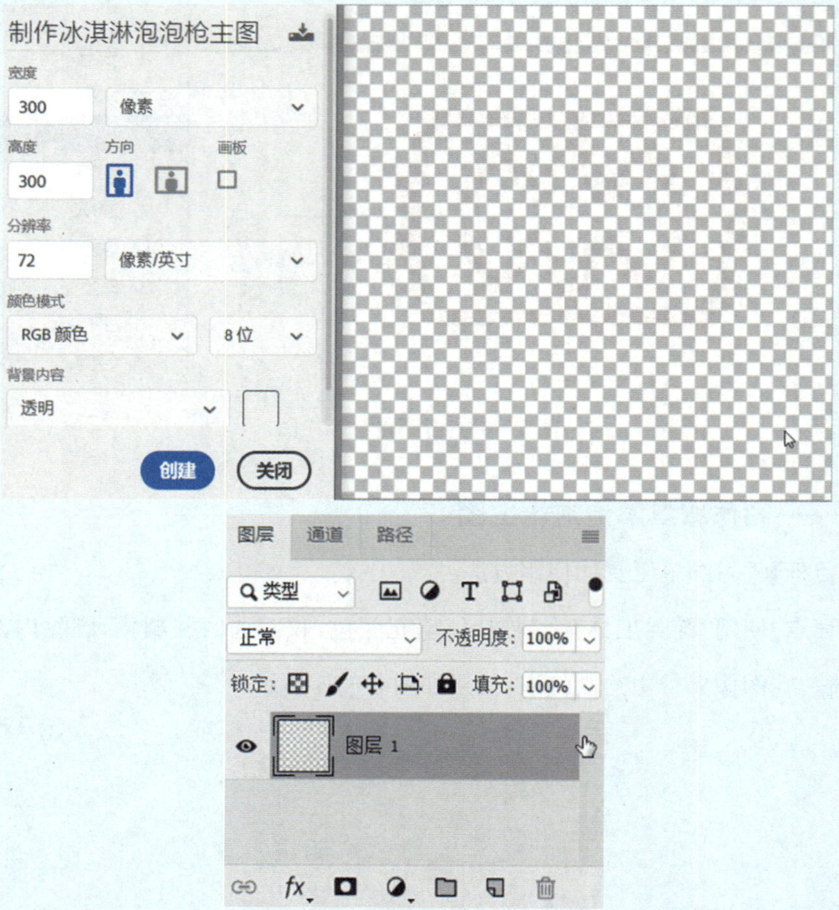

图 5－55 “新建”命令对话框

2. 选择“椭圆选框工具”，按住【Shift】键绘制正圆选区，设置前景色为黑色，按快捷键【Alt＋Delete】填充前景色，如图 5－56 所示。点击菜单栏中的【选择】→【修改】→【收缩】，在弹出的对话框中设置收缩量为 10 像素，点击“确定”按钮。按快捷键【Shift＋F6】弹出“羽化”对话框，设置羽化半径为 15 像素，点击“确定”按钮。按【Delete】键删除选区内图像，如图 5－57所示。

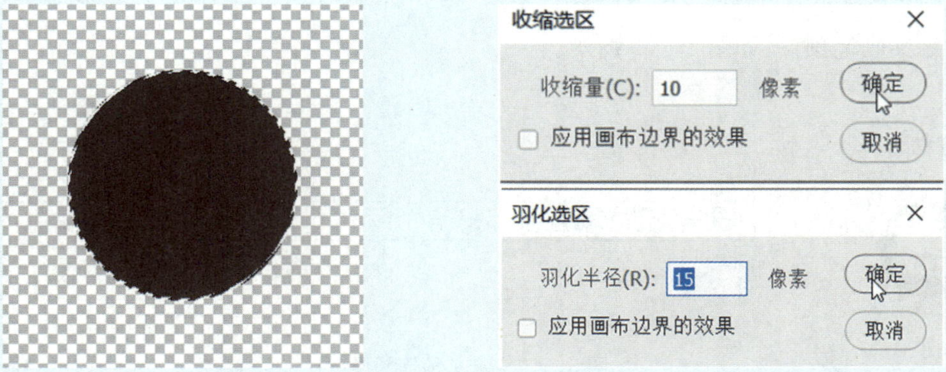

图 5－56　填充选区

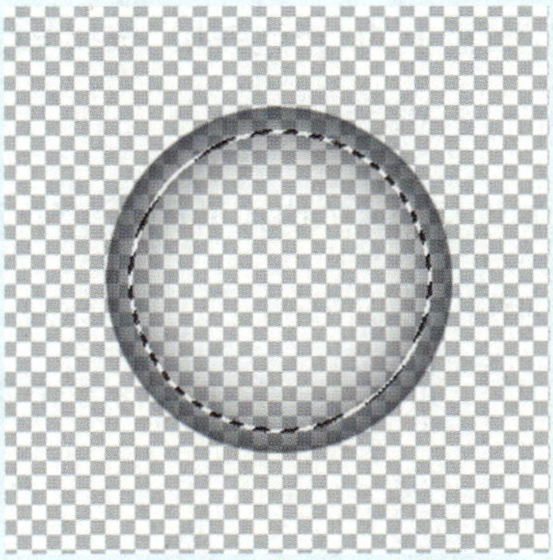

图 5－57　收缩羽化并删除选区内图像

3. 按快捷键【Ctrl＋D】取消选区，选择“画笔工具”，设置前景色为黑色，在“画笔工具”属性栏调整合适的画笔大小，画笔硬度设置为 0%，在气泡内绘制，如图 5－58 所示。

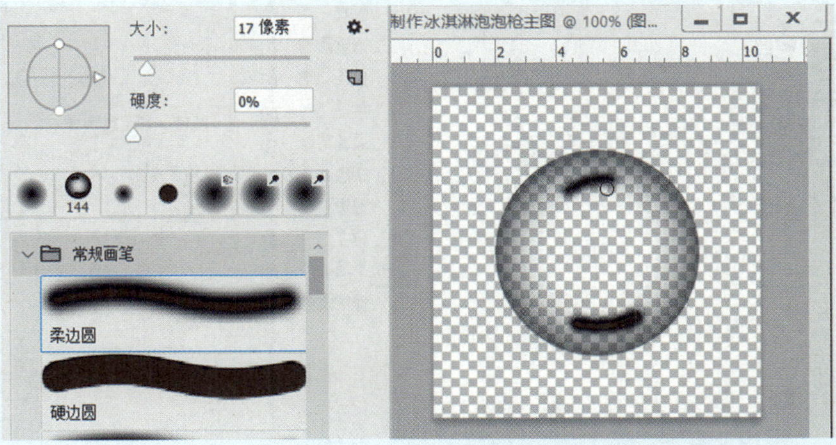

图 5－58　绘制线条

4. 点击菜单栏中的【编辑】→【定义画笔预设】，在弹出的对话框中点击“确定”按钮，即可完成自定义画笔预设，如图 5-59 所示。

图 5-59　定义画笔预设

5. 按快捷键【Ctrl+O】，打开“配套素材\模块 5\课堂练习\原始素材\04 制作冰淇淋泡泡枪主图\01 素材”，点击“图层”面板上的“新建图层”按钮，在“图层 0”和“图层 1”中间新建图层并命名为“气泡层”，如图 5-60 所示。

6. 选择“画笔工具”，在属性栏点击“切换画笔设置面板”按钮。在弹出的对话框中设置“画笔笔尖形状”的间距为 115%，如图 5-61 所示；点击勾选“形状动态”，设置“大小抖动”为 80%，“角度抖动”为 20%，如图 5-62 所示；点击“勾选散布”，设置“散布值”为 150%，如图 5-63 所示。

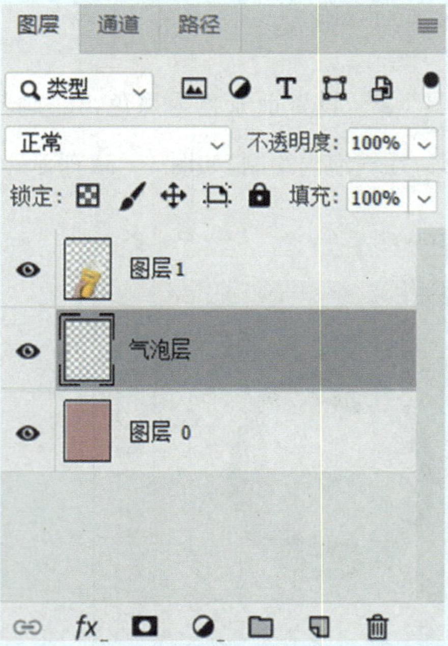

图 5-60　新建图层

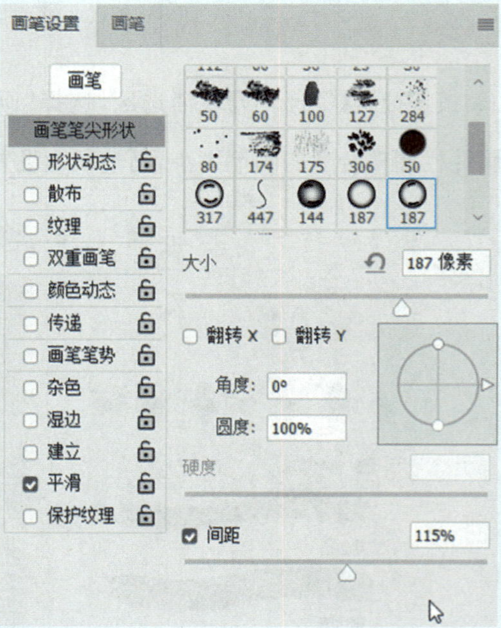

图 5-61　画笔笔尖形状设置

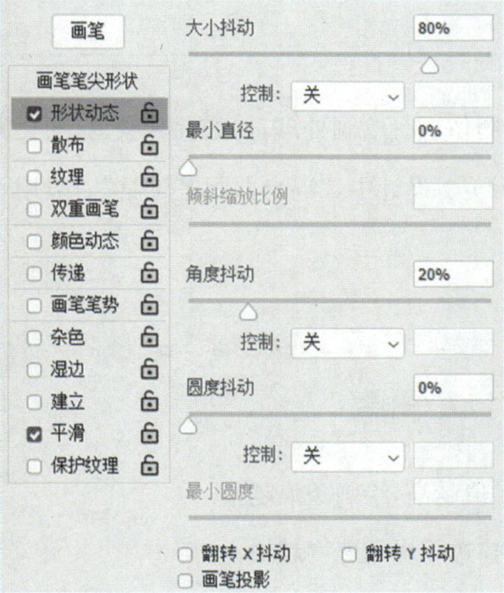

图 5－62　形状动态设置

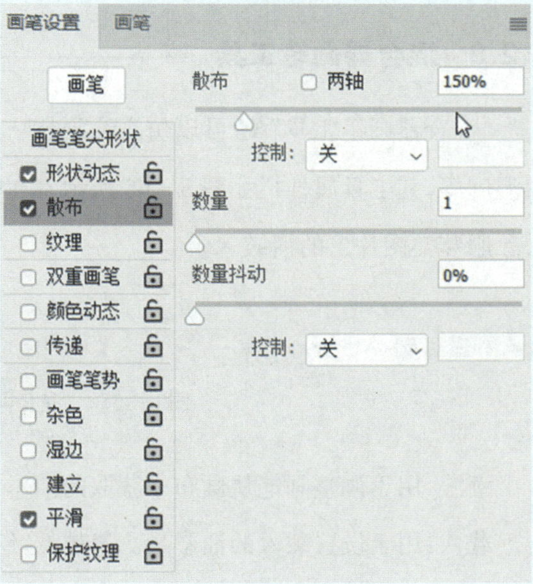

图 5－63　散布设置

7. 选择“画笔工具”，在属性栏点击“画笔预设”按钮后面的，下拉选择定义的画笔预设，设置画笔“大小”为 100 像素，“硬度”为 50%，如图 5－64 所示。设置前景色为白色，按住鼠标左键在图层“气泡层”进行绘制，即可完成最终效果图的设计制作，如图 5－65 所示。

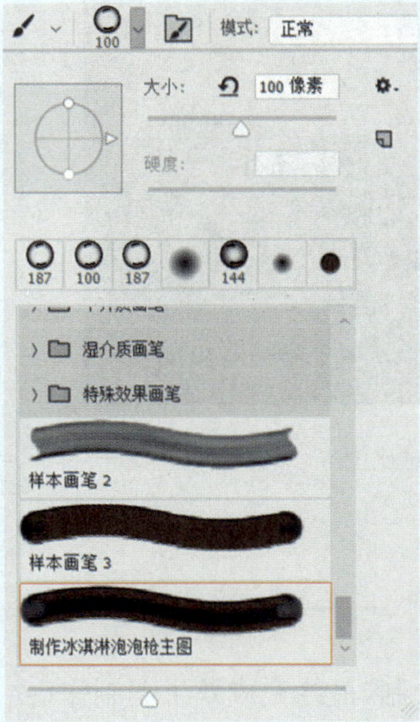

图 5－64　设置画笔

图 5－65　绘制气泡

5.2.8 混合器画笔工具

“混合器画笔工具”可以仿真绘画技巧，对图像进行绘画处理，比如混合颜色、变化涂料湿度等，其工具属性栏如图 5－66 所示。在网店美工设计中，“混合器画笔工具”一般用于去除服装类图片上的褶皱。

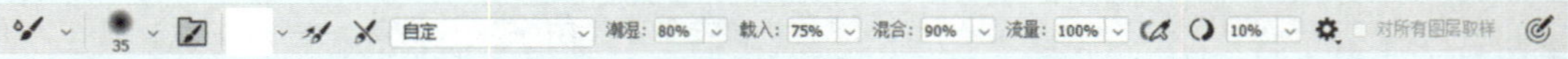

图 5－66 “混合器画笔工具”属性栏

潮湿：用于调整画笔从画布中获取的油彩量。值越高，绘画条痕越长。

载入：用于设置载入的油彩量。值越低，绘画描边干燥的速度越快。

混合：用于设置画布油彩量与储槽油彩量的比值。

使用“混合器画笔工具”去除服装类图片上的褶皱时，需设置相近的前景色。注意在涂抹过程中要顺着光影方向涂抹，去除褶皱前后的对比效果如图 5－67 所示。

图 5－67 去除褶皱前后对比图

5.3 课后练习——制作洗衣液商品主图

【知识要点】把下载好的画笔导入画笔工具，进行绘制，最终完成效果图制作。

【素材所在位置】配套素材\模块 5\课后练习\原始素材\01 制作洗衣液商品主图。

【效果图所在位置】配套素材\模块 5\课后练习\最终效果\01 制作洗衣液商品主图（效

果).psd,如图 5－68 所示。

图 5－68　最终效果图

5.4　课后练习——绘制苹果效果图

【知识要点】利用“椭圆选框工具”绘制椭圆,设置渐变色,模式为“径向渐变”,进行渐变填充可绘制苹果主体。打开“画笔面板”,设置“形状动态”的“控制”选项为“渐隐”,绘制叶柄。利用白色“画笔”和“模糊工具”制作高光部分,最终完成效果图制作。

【素材所在位置】配套素材\模块 5\课后练习\原始素材\02 绘制苹果效果图。

【效果图所在位置】配套素材\模块 5\课后练习\最终效果\02 绘制苹果效果图(效果).psd,如图 5－69 所示。

图 5－69　最终效果图

模块6

网店美工设计的文字创建与应用

模块介绍

本模块主要介绍网店美工设计图像的文字创建与应用，包括文字的输入与编辑、栅格化文字、载入文字选区、创建变形与路径文字、创建蒙板文字等。通过本模块的学习，读者可以掌握网店美工设计的文字创建与应用等基础知识。

学习目标

知识目标

- 了解网店美工设计的文字输入类型；
- 理解创建文字的基本原理。

技能目标

- 掌握文字输入与编辑的方法；
- 掌握栅格化文字的原理；
- 掌握载入文字选区的方法；
- 掌握创建变形文字和路径文字的方法；
- 掌握创建蒙板文字的方法。

素养目标

- 树立爱岗敬业意识；
- 培养精益求精的精神；
- 培养学生的共商意识。

6.1　文字的创建与编辑

在网店美工设计中，文字是不可或缺的重要元素。好的商品文字描述，能够突出产品的卖点，抓住消费者的心理。下面将学习创建与编辑文字的方法，让读者能够掌握点文字、段落文字的输入与编辑方法，创建变形与路径文字的方法，创建蒙板文字等方法和技巧。

扫码观看视频

6.1.1　认识文字工具

在 Photoshop 中，“文字工具”组可用于文字的输入与编辑，“文字工具”组包括了“横排文字工具”T、“直排文字工具”↓T、“横排文字蒙板工具”和“直排文字蒙板工具”。

横排和直排文字工具用于文字的输入与编辑。

横排和直排文字蒙板工具用于创建文字形状的选区。

在 Photoshop 中，利用文字工具输入的文字可以分为两种类型：点文字与段落文字。

点文字：选择文字工具后，单击输入的文字，以鼠标单击点作为对齐参照，始终呈一行或一列显示，如需换行或换列，需要按回车键实现，如图 6－1 所示。点文字一般适用于标题等少量文字排版的输入。

段落文字：选择文字工具后，在单击并拖曳形成的文字框中输入的文字，以文字框为对齐和显示参照，能实现自动换行，如图 6－2 所示。段落文字一般适用于较多文字的排版输入。

图 6－1　点文字

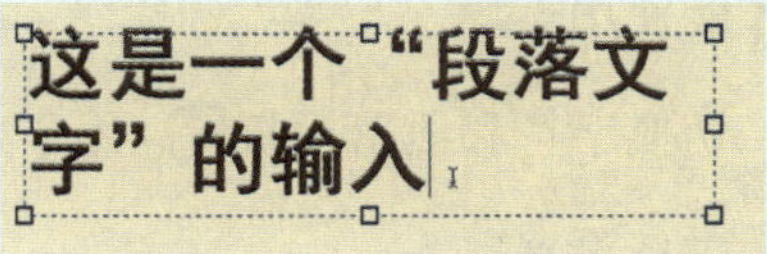

图 6－2　段落文字

6.1.2 文字的输入

①横排文字工具

选择工具箱中的“横排文字工具”T或按快捷键【T】，可以在图像编辑窗口中输入水平排列的文字，且自动在“图层”面板中建立一个新的文字图层。其工具属性栏如图 6－3 所示。其中，各主要选项的含义如下所述。

图 6－3　横排文字工具属性栏

切换文本取向：用于切换横排和直排文字输入的方向。

字体类型 黑体：点击可在下拉列表中选择所需要的字体类型。

字体大小 61 点：用于设置字体的大小：可以直接输入数值；也可以在下拉列表中选择数值；还可以直接把鼠标放到 的位置上，鼠标会变成 形状，滑动鼠标即可放大或缩小字号。

消除锯齿 锐利：用于消除文字的锯齿：可以选择“锐利”“犀利”“浑厚”“平滑”“无”等选项。

对齐方式：用于设置段落文字的对齐方式。图标分别代表“左对齐”“居中对齐”和“右对齐”3 种对齐方式。

颜色：用于设置文字颜色。单击可打开“拾色器”对话框，然后选择所需要的颜色。

创建文字变形：用于创建变形文字。单击可打开“变形文字”对话框，设置相应参数即可对文字进行变形。注意：文字图层如果使用了仿粗体，则不能使用该功能，需要移除仿粗体才能使用。

切换字符和段落面板：用于对文字和段落的设置。单击可弹出设置面板，输入相应参数进行设置。

取消：用于取消对文字的操作。

提交：用于确定对文字的操作。

3D 文字 3D：用于创建 3D 文字图层。点击将切换到“3D”工作区。

②直排文字工具

选择工具箱中的“直排文字工具”↓T，在图像中输入文字，文字将以垂直的方向进行排列。使用直排文字工具输入中文和英文字母时，呈现出来的文字方向有所区别，如图 6－4 所示。

图 6－4　直排文字工具

③文字蒙板工具

选择“横排文字蒙板工具”或“直排文字蒙板工具”后在图像中点击时，会进入快速蒙板状态，输入文字并点击属性栏的“提交”按钮，或者点击工具箱中其他的任意工具进行确认后，会形成一个文字选区，如图 6－5 所示。

图 6－5　横排文字蒙板工具

④段落文字输入

选择“横排文字工具”或“直排文字工具”，把鼠标放到图像中，此时鼠标会变成形状。单击并按住鼠标拖动，可创建文本框，在文本框中输入文字即可。如果输入文字较多，超过了文本框的区域，超出的内容将被隐藏，此时可把鼠标放到文本框的边缘，拉伸文本框，即可显示隐藏的文本，如图 6－6 所示。此外，还可以对文本框进行旋转、缩放等操作。

图 6－6　段落文字输入

6.1.3　文字的编辑

①编辑文字与新建文字图层

文本输入确认后，需要进行再次编辑时，可以在工具箱中选择“文本工具”，把鼠标移动到文本的位置，鼠标会变成Ｉ形状，单击即可编辑文本，如图 6－7 所示。一定要注意鼠标的形状，如果鼠标形状为[Ｉ]，单击时会新建“文字图层”，如图 6－8 所示。

图 6－7　编辑文本

图 6－8　新建文字图层

②字符和段落面板

在创建文字后，可以通过“字符和段落面板”对创建的文字进行编辑。单击文本工具属性栏中的“字符和段落面板”按钮，即可在弹出的对话框中进行参数设置，包括调整文字的大小、行间距、字间距、段落对齐方式、字体样式等，如图 6－9 所示。

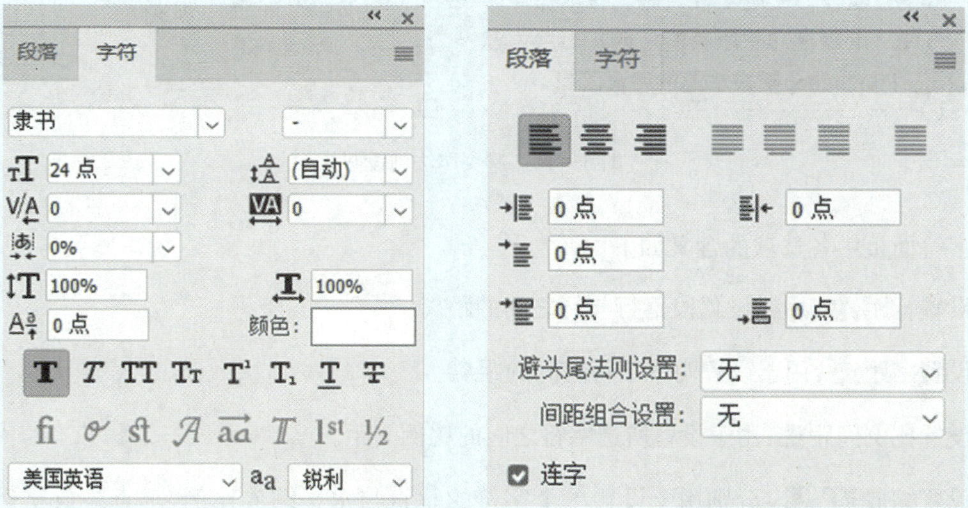

图 6－9　字符和段落面板

段落面板中各选项的含义如下。

段落对齐方式：包括左对齐、居中对齐、右对齐、最后一行左对齐、最后一行居中对齐、后一行右对齐、全部对齐。

设置缩进距离：分别代表设置左缩进、右缩进、首行缩进、段前添加空格和段后添加空格。

避头尾法则设置:用于处理标点符号发生转行的问题,如图 6-10 所示。

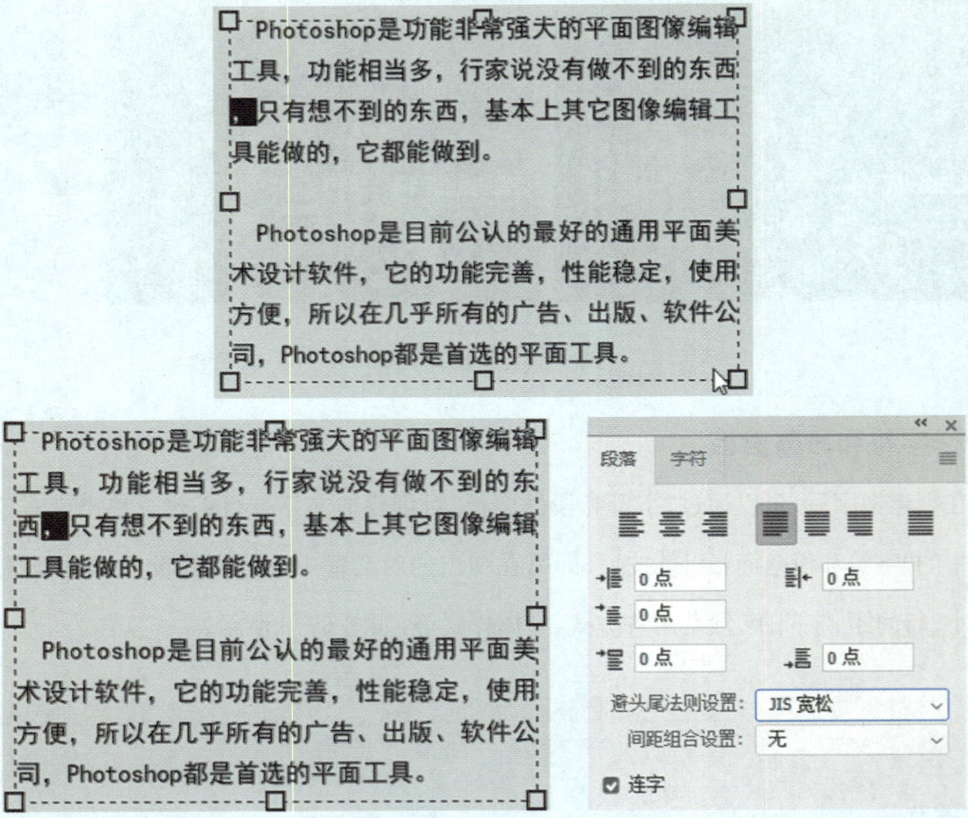

图 6-10　避头尾法则设置

字符面板中各选项的含义如下。

设置行距:用于设置段落行与行之间的距离。

设置字距:用于设置两个字符之间的距离。

设置比例间距:用于设置所选字符之间的比例间距。

设置缩放:分别用于设置单个字符的垂直与水平缩放比例,垂直缩放比例值越小,字符越扁平;水平缩放比例值越小,字符越细高。

基线偏移:用于控制文字的位置,值越大,偏移位置越大。

设置文字样式:用于设置文字的样式,包括仿粗体、仿斜体、全部大写字母、小型大写字母、上标、下标、下划线和删除线。

课堂练习——制作男鞋商品主图

【学习目标】学习文字工具的使用方法。

【知识要点】使用“横排文字工具”输入点文字与段落文字，为文字添加图层样式，效果如图 6－11 所示。

图 6－11　最终效果图

【效果图所在位置】配套素材\模块 6\课堂练习\最终效果\01 制作男鞋商品主图(效果). psd

1. 打开 Photoshop 软件，按快捷键【Ctrl＋O】，打开“配套素材\模块 6\课堂练习\原始素材\01 制作男鞋商品主图\01 素材. png”。

2. 设置前景色为白色(＃ffffff)，选择工具箱中的“横排文字工具”T，把鼠标放到图像中，此时鼠标会变成形状，按住鼠标进行拖动，可创建文本框，在文本框中输入段落文字，如图 6－12 所示。

3. 选中文字，在工具属性栏中把文字调整到合适大小，选择合适的字体，如图 6－13 所示。点击工具属性栏的✓按钮，输入段落文字。选择工具箱中的“移动工具”，把文字移动到合适的位置，如图 6－14 所示。

图 6－12　输入段落文字

图 6－13　调整文字大小

图 6－14　移动文字

4. 选择工具箱中的“横排文字工具”T，把鼠标放到图像中的合适位置，点击“输入文字”。选中文字，在工具属性栏设置合适的文字大小和字体，点击“字符和段落面板”，设置“仿粗体”，点击✓按钮，完成此处点文字的输入，利用“移动工具”，把文字移至合适位置，如图 6－15 所示。

图 6－15　输入点文字

5. 在“图层面板”中选择该图层，点击面板下方的“添加图层样式”fx，选择“渐变叠加”选项，在弹出的对话框中设置“渐变”的颜色从＃ffffff 到＃8b450d，“角度”为－90 度，参数如图 6－16 所示。完成文字的渐变效果，如图 6－17 所示。

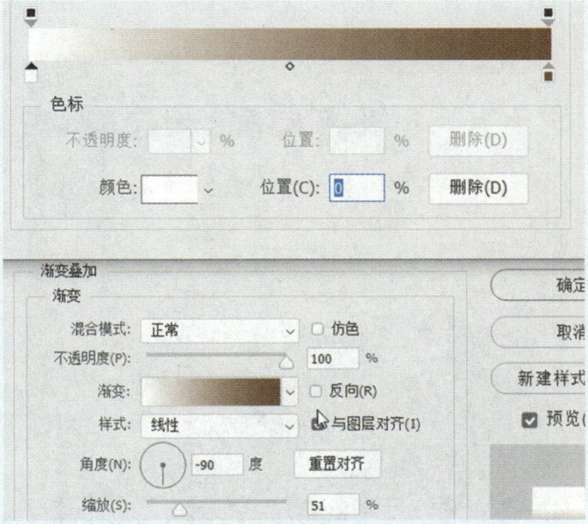

图 6－16　设置“渐变叠加”参数

图 6－17　“渐变叠加”效果

6. 继续在“图层样式”面板中勾选“投影”选项，并设置“颜色”为黑色、“不透明度”为 100％、“角度”为 120 度、“距离”为 5 像素、“扩展”为 0％、“大小”为 0 像素，如图 6－18 所示。点击“确定”按钮，即可完成投影效果图制作，如图 6－19 所示。

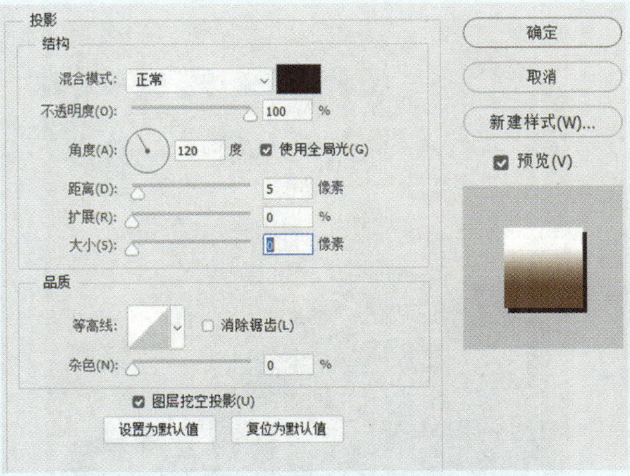

图 6－18　设置“投影”参数

图 6－19　“投影”效果

7. 选择工具箱中的“横排文字工具”T，在想要输入文字的位置单击鼠标左键并拖曳，拖出一个文本框，在文本框内输入段落文字。选中文字，点击工具属性栏“字符与段落面板”设置合适的行间距、字体大小、颜色等参数，如图 6－20 所示。点击✓按钮，完成此处文字的输入，利用“移动工具”，把文字移至合适位置，如图 6－21 所示。

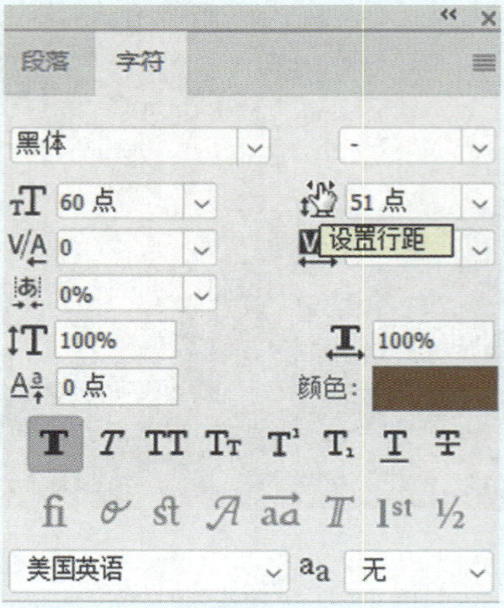

图 6－20 设置“字符面板”参数

图 6－21 显示效果

8. 点击“图层面板”下方的“新建图层”，在文字图层“￥299”下方新建图层，如图 6－22 所示。选择“椭圆选框工具”，在图像中绘制椭圆选区，如图 6－23 所示。

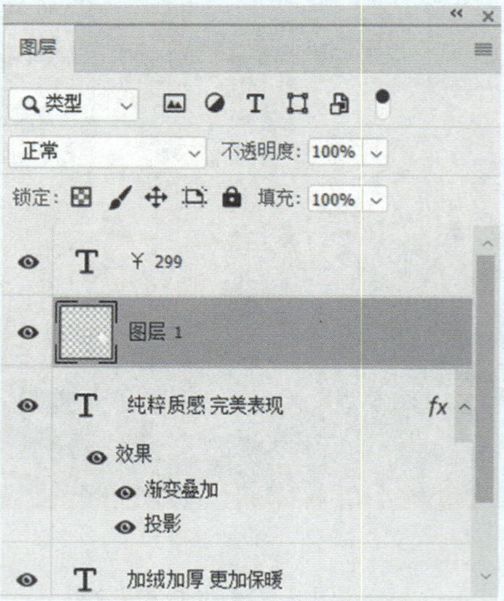

图 6－22 新建图层

图 6－23 绘制椭圆选区

9. 选择“多边形套索工具”，按住【Shift】键添加选区，如图 6－24 所示。设置前景色为白色（＃ffffff），按快捷键【Alt＋Delete】填充前景色，按快捷键【Ctrl＋D】取消选区，即可完成最终效果图的制作，如图 6－25 所示。

图 6－24　添加选区

图 6－25　最终效果图

6.1.4　栅格化文字

栅格化文字的功能就是将文字图层转化为普通图层，以便进行更多的编辑操作，使文字效果更多样化。栅格化文字的方法如下。

选择需要栅格化的文字图层，选择菜单栏中的【文字】→【栅格化文字图层】命令；或者选择菜单栏中的【图层】→【栅格化】→【文字】命令；或者在“图层面板”中选择文字图层，单击鼠标右键，选择【栅格化文字】，即可将文字图层转换为普通图层，如图 6－26 所示。

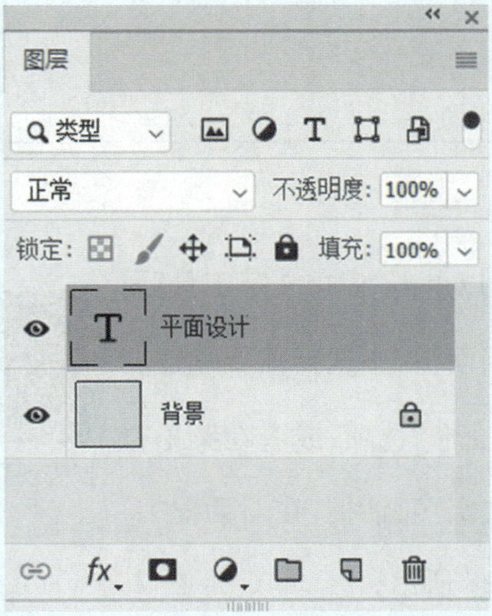

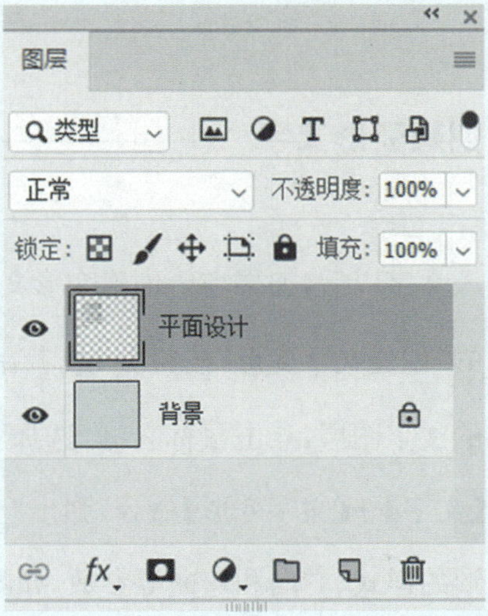

图 6－26　“栅格化文字”功能

6.1.5 载入文字选区

利用文字蒙板工具创建文字选区，无须载入文字选区，但此方法不会建立文字图层。

利用文字工具输入文字后，在图层中会生成文字图层。在处理的过程中，如果需要文字的选区，可以按住【Ctrl】键，单击“图层面板”中文字图层的缩览图，即可载入文字选区，如图6－27所示。

图6－27　载入文字选区

6.2 创建变形文字与路径文字

在网店美工设计的过程中，有时需要对文字进行变形操作，或者让文字沿着路径分布，或让文字在封闭的路径中进行排列，从而使文字呈现出各种艺术效果。

6.2.1 创建变形文字

输入文字以后，如果需要创建变形文字，可以点击“横排文字工具”属性栏中的“创建文字变形”按钮；或者在“图层面板”中选择需要创建变形文字的文字图层，点击鼠标右键，选择“文字变形”选项；或者在菜单栏中点击【文字】→【文字变形】命令，弹出“变形文字”对话框，在对话框中，设置变形的样式、方向和弯曲等参数，如图6－28所示。

扫码观看视频

图 6－28　创建变形文字

Photoshop 软件提供了多种变形文字的样式，如图 6－29 所示。

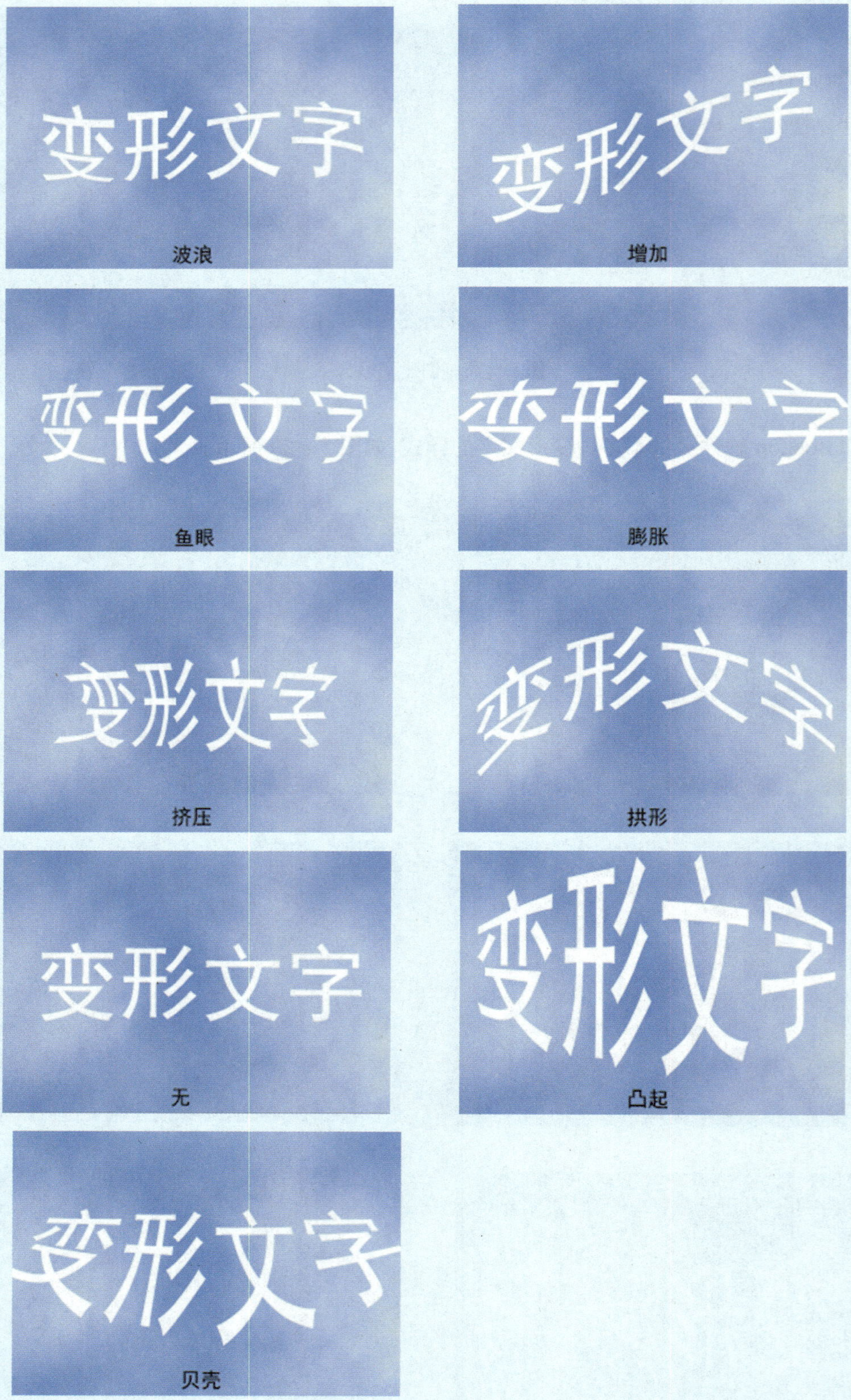
变形文字
波浪
变形文字
增加
变形文字
鱼眼
变形文字
膨胀
变形文字
挤压
变形文字
拱形
变形文字
无
变形文字
凸起
变形文字
贝壳

图 6－29　文字变形样式

6.2.2　创建路径文字

路径文字就是沿着工作路径的边缘排列的文字，或者是在封闭路径中输入的文字。当改变路径的形状或移动路径时，文字也会跟着变化或移动。

①在路径上创建文字

创建路径文字时，先用“钢笔工具”或“形状工具”绘制工作路径，选择“横排文字工具”，把光标移动到路径上，当光标变成形状时，单击左键，即可将此作为路径文字的起点进行文字的输入。输入的文字会沿着路径的形状进行分布。如图 6－30 所示。

图 6－30　在路径上创建文字

②在封闭路径中创建文字

利用“形状工具”绘制完封闭的路径以后，选择“横排文字工具”，把光标移动到封闭的路径区域内，当光标变成形状时，单击左键，即可输入文字。输入的文字会在路径内进行分布，不会超出路径区域，如图 6－31 所示。

图 6－31　在封闭路径中创建文字

③移动和翻转路径上的文字

移动路径上的文字需要选择工具箱的“路径选择工具” ，将光标移动到文字上，当光标变成 形状时，单击左键并沿着路径拖动鼠标，即可移动文字。如需翻转文字，单击左键并向路径内或路径外拖动鼠标，即可翻转文字，如图 6－32 所示。

注意：形状 的位置代表文字的起点，形状 的位置代表文字的终点，如果起点和终点的位置不够显示文字，文字将被隐藏。

图 6－32　移动和翻转路径上的文字

课堂练习——制作周年庆宣传海报

【学习目标】学习路径文字的使用方法。

【知识要点】使用“钢笔工具”绘制路径，选择“横排文字工具”输入文字，为文字添加图层样式，输入其他文字并进行变形。最终效果如图 6－33 所示。

图 6－33　最终效果图

【效果图所在位置】配套素材\模块 6\课堂练习\最终效果\02 制作周年庆宣传海报(效果).psd

1. 打开 Photoshop 软件，按快捷键【Ctrl＋O】，打开“配套素材\模块 6\课堂练习\原始素材\02 制作周年庆宣传海报\01 素材.png”，点击工具箱中的“钢笔工具”，在属性栏设置模式为“路径”，在图像中创建路径，如图 6－34 所示。

图 6－34　创建工作路径

2. 选择工具箱中的“横排文字工具”，设置前景色值为＃d32d2c，把光标移动到路径上，当光标变成形状时，单击左键，输入路径文字。选中文体，设置合适的字体、大小、字间距等，如图 6－35 所示。

图 6－35　输入路径文字

3. 选择文字图层，点击“图层面板”下方的“添加图层样式”fx，选择“投影”选项，在打开的对话框中设置“投影”的颜色为黑色，不透明度为 59%，角度为 30 度，距离为 4，其余为 0。点击“确定”按钮，完成样式设置。利用“移动工具”把文字移动到合适位置。如图 6－36 所示。

图 6－36 对文字添加图层样式

4. 点击“直排文字工具”IT，设置前景色为白色(＃ffffff)，在工具属性栏中设置合适的字体类型，字体大小为 37，在图像中输入文字。按快捷键【Ctrl＋T】旋转文字并移动文字到合适位置。如图 6－37 所示。按回车键完成此处文字的输入。

图 6－37 输入文字并旋转

5. 选中该文字图层，点击“直排文字工具”IT，在工具属性栏点击“创建文字变形”，在弹出的对话框中选择变形样式为“拱形”，方向为“垂直”，并设置相应参数，点击“确定”按钮，即可完成最终效果图制作，如图 6-38 所示。

图 6-38　创建文字变形

6.3　文字创建剪贴蒙板与文字转换为形状

为文字创建剪贴蒙板和创建形状文字，是网店美工设计中常用的两个操作，它能为文字建立丰富的纹理效果，制作出形态各异的字体，达到美工设计的目的。下面具体介绍如何为文字创建剪贴蒙板以及创建形状文字。

6.3.1　为文字创建剪贴蒙板

创建蒙板文字，可以通过前面介绍的“横排文字蒙板工具”或“直排文字蒙板工具”完成，但使用此种方式，只能生成文字选区，不方便后期更改和调整。因此在网店美工设计中，一般通过剪贴蒙板的方式创建蒙板文字。下面介绍如何为文字创建剪贴蒙板。

扫码观看视频

点击"横排文字工具"T，输入需要的文字，在文字图层的上方新建图层，添加需要的图像。按住【Alt】键，把光标移动到新建的图层与文字图层中间，当光标变成↓□形状时，单击左键即可为文字创建剪贴蒙板。如图 6－39 所示。

图 6－39　为文字创建剪贴蒙板

6.3.2　文字转换为形状

文字输入完成后，如需将文字转化为形状制作特殊效果，可以在"图层面板"中，选择文字图层，点击鼠标右键，在弹出的菜单中选择"转换为形状"，文字即可转换为形状。此时可利用"钢笔工具"和"路径选择工具"对文字形状进行处理。如图 6－40 所示。

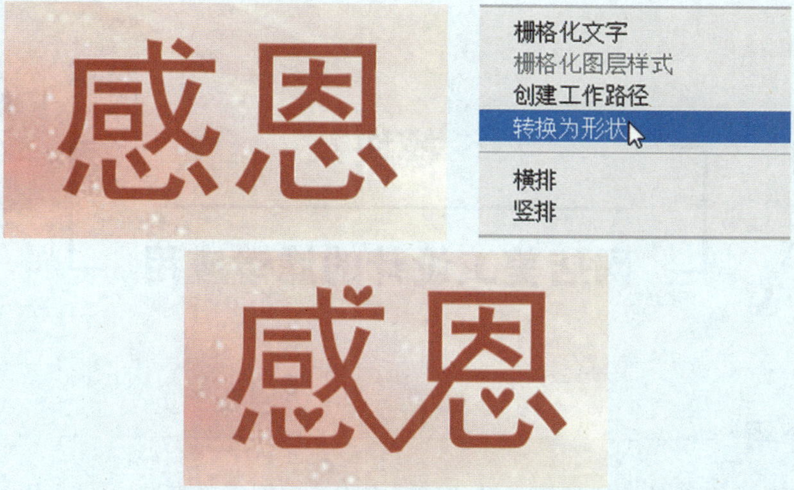

图 6 - 40　文字转换为形状

6.4　课后练习——制作“双十一”促销 Banner 图

【知识要点】利用“横排文字工具”输入文字，为文字添加图层样式，为文字设置变形文字，最终完成效果图制作。

【素材所在位置】配套素材\模块 6\课后练习\原始素材\01 制作“双十一”促销 Banner 图。

【效果图所在位置】配套素材\模块 6\课后练习\最终效果\01 制作“双十一”促销 Banner 图(效果). psd，如图 6 - 41 所示。

图 6 - 41　最终效果图

模块7

网店美工设计的滤镜应用

模块介绍

本模块主要介绍网店美工设计的滤镜应用。在网店美工设计的过程中，利用滤镜功能可以制作出很多特殊的图像效果。本模块将介绍利用滤镜库制作古风效果和利用液化滤镜为模特瘦脸，利用“消失点”滤镜制作透视效果，利用滤镜制作下雨的效果以及利用滤镜修饰面部的方法或技巧。通过本模块的学习，读者可以掌握网店美工设计中常用的滤镜使用方法或技巧。

扫码观看视频

学习目标

知识目标

- 了解网店美工设计中滤镜的重要性；
- 了解滤镜库的面板。

技能目标

- 掌握液化滤镜的使用方法和技巧；
- 掌握“消失点”滤镜的使用方法；
- 掌握模糊滤镜的使用方法；
- 掌握利用滤镜修饰面部的方法；
- 掌握利用滤镜制作下雨效果的方法。

素养目标

- 树立美学意识；
- 树立精益求精的工匠精神；
- 树立团队合作意识。

7.1　滤镜的基础应用

滤镜主要用来实现图像的各种特殊效果。简单来说，滤镜就是给图像快速添加各种艺术效果的工具集合。Photoshop 软件自带多种滤镜，点击菜单栏中的【滤镜】，在下拉菜单中选择需要的滤镜，设置参数即可实现特殊效果，如图 7－1 所示。其中，滤镜库提供了在图像处理中较为常用的滤镜，可以一次性对图像应用多个滤镜，或者重复使用同一个滤镜，直到获得最终的效果，如图 7－2 所示。

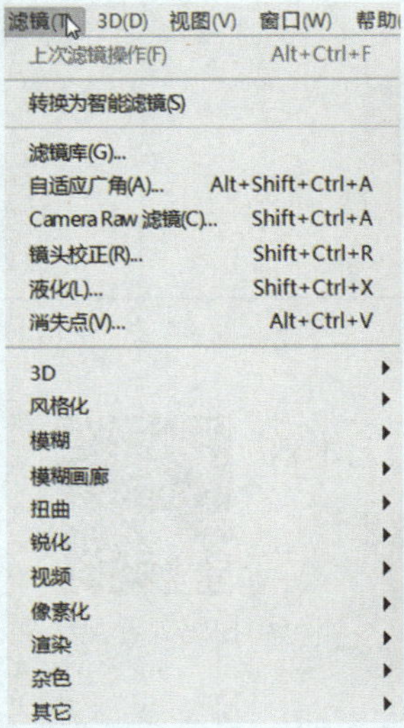

图 7－1　滤镜菜单

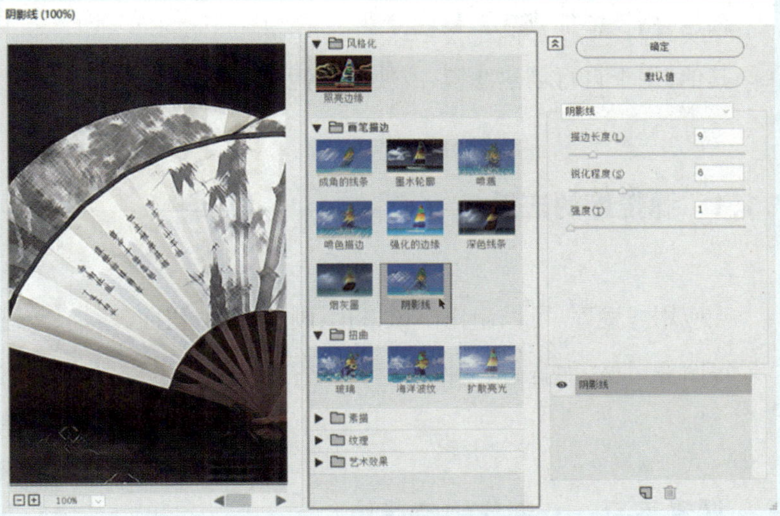

图 7－2　滤镜库

滤镜菜单中各命令项的含义或作用如下。

转换为智能滤镜：智能滤镜与普通滤镜相对。普通的滤镜功能是对原有图层执行滤镜效果，该操作会破坏原有图层。智能滤镜是在智能对象图层上应用滤镜，优点是对图像应用的所有滤镜不会破坏原有图层，并且可以随时恢复为没有应用滤镜之前的原始图像。

自适应广角：用于校正由于使用广角镜头而造成的镜头扭曲。

Camera Raw 滤镜：用于校对图像颜色、渲染气氛、增加质感、磨皮、后期处理等，其是一项功能非常强大的调色及修饰滤镜。

镜头校正：用于自动校正因镜头原因导致的照片失真，如桶状和枕状变形，图像边缘的暗角，以及造成边缘出现彩色光晕的色相差等。

液化：用于对图像任意区域进行推、拉、旋转、反射、折叠和膨胀等操作，从而实现部分区域的调整。

消失点：用于在编辑包含透视平面的图像时保留正确的透视。

3D:用于制作良好的视觉效果。

风格化:用于在图像中生成绘画或印象派的效果。

模糊:用于柔化选区中的图像或整个图像,使图像显得柔和。

模糊画廊:用于对象中光圈模糊、移轴模糊、路径模糊等。

扭曲:将图像进行几何扭曲,用于创建 3D 效果或其他整形效果。

锐化:通过提升相邻像素的对比度,图像更加清晰。

像素化:通过相邻相近的像素来清晰定义选区。

渲染:用于在图像中创建云彩图案、折射图案、模拟光反射等效果。

杂色:用于增加或减去杂色像素。

其他:用于自行创建滤镜,或使用滤镜快速调整颜色等。

7.1.1 滤镜库的应用

应用滤镜库,可以制作出风格化、画笔描边、扭曲、素描、纹理、艺术效果等图像风格,而且每一种风格可以组合使用,产生更多的特殊效果。

扫码观看视频

课堂练习——制作镂空花边

【学习目标】学习滤镜库的使用方法。

【知识要点】新建 Alpha 通道,建立边框选区,执行滤镜库"半调图案"命令,锐化,新建图层,描边。最终效果如图 7-3 所示。

图 7-3 最终效果图

【效果图所在位置】配套素材\模块 7\课堂练习\最终效果\01 制作镂空花边(效果).psd

1. 点击菜单栏中的【文件】→【打开】命令，打开“配套素材\模块 7\课堂练习\原始素材\01 制作镂空花边\01 素材.png”。选择工具箱中的“矩形选框工具”绘制矩形选框，如图 7－4 所示。按快捷键【Ctrl＋Shift＋I】执行反选命令，如图 7－5 所示。

图 7－4　绘制选框

图 7－5　选择反向

2. 选择“通道面板”，点击面板下方的“创建新通道”按钮，创道“Alpha 1”通道，如图 7－6 所示。设置前景色为白色(＃ffffff)，按快捷键【Alt＋Delete】填充前景色，如图 7－7 所示。

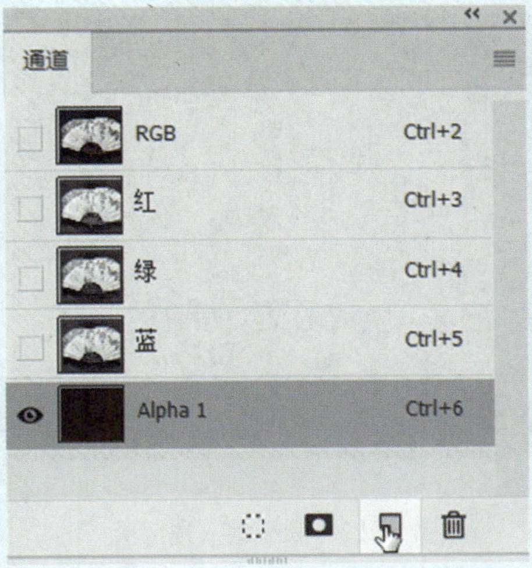

图 7－6　新建 Alpha 通道

图 7－7　填充通道选区

3. 选中“Alpha1”通道，点击菜单栏中的【滤镜】→【滤镜库】命令，在弹出的对话框中点击“素描”选项，在展开的画面中选择“半调图案”选项，设置大小为2，对比度为1，图案类型为网点，如图7－8所示。点击“确定”按钮，完成半调图案制作，如图7－9所示。

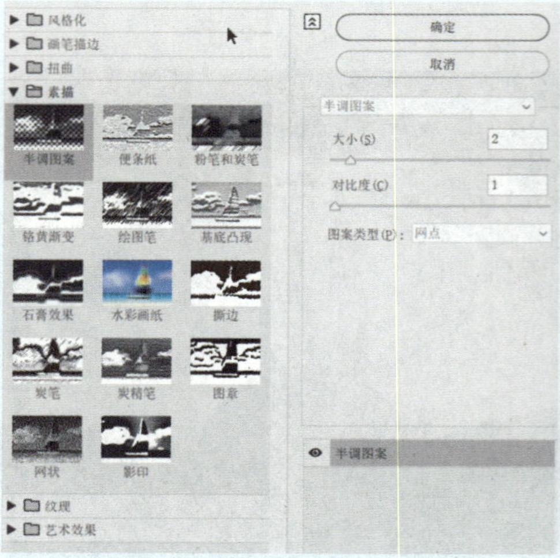

图7－8　半调图案滤镜

图7－9　半调图案效果

4. 此时发现镂空的纹理锐度不够，点击菜单栏中的【滤镜】→【锐化】→【锐化】命令，连续按3次快捷键【Alt＋Ctrl＋F】，执行重复上一次锐化滤镜3次，效果如图7－10所示。按住【Ctrl】键，点击“Alpha 1”通道缩略图，载入选区，如图7－11所示。

图7－10　锐化效果

图7－11　载入选区

5. 点击“通道面板”中的RGB通道，返回RGB模式。点击“图层面板”下方的“创建新图层”按钮，新建“图层1”，如图7－12所示。点击菜单栏中的【编辑】→【描边】命令，在弹出的描边对话框中设置宽度为 1 像素，颜色为＃5d393f，位置为“居外”，如图 7－13 所示。

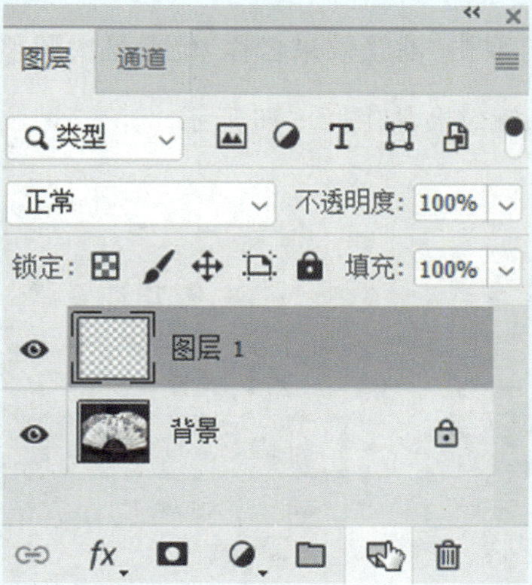

图 7－12　新建图层

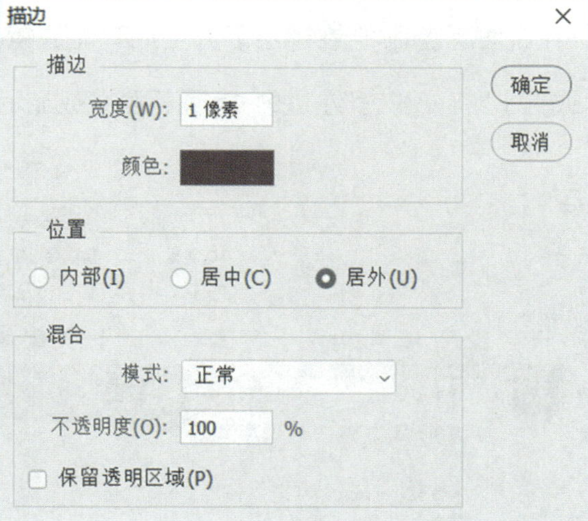

图 7－13　设置描边参数

6. 参数设置完成以后，点击“确定”按钮，完成描边操作，效果如图 7－14 所示。按快捷键【Ctrl＋D】取消选区，即可完成最终效果图的制作，如图 7－15 所示。

图 7－14　描边效果

图 7－15　取消选区

7.1.2　转换为智能滤镜的应用

智能滤镜不会破坏原有图层，可以随时对滤镜进行二次调整，也可以恢复图层到应用滤镜前的效果。

使用智能滤镜前，需要先将图层转化为智能对象。点击菜单栏中的【滤镜】—【转换为智能滤镜】，在弹出的对话框中点击“确定”；或在“图层面板”中需要创建智能滤镜的图层上点击鼠标右键，在弹出的菜单中选择“转换为智能对象”。此时图层将转换为智能对象。

在新增滤镜时，会在图层下方生成智能滤镜，可双击“滤镜效果名称”位置再次调整滤镜，或点击“智能滤镜”左边的  图标隐藏或显示滤镜效果，如图 7－16 所示。

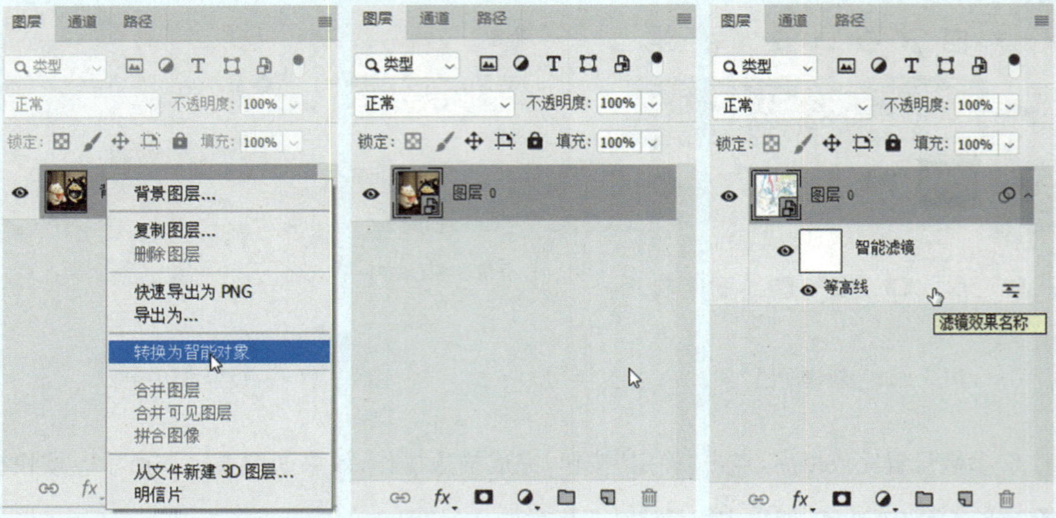

图 7－16　转换为智能滤镜

7.1.3 Camera Raw 滤镜的应用

Camera Raw 滤镜集合了非常多的调色及图像修饰功能，可以用于图像的调色、气氛渲染、增加质感、磨皮、后期处理等，是 Photoshop 自带的一款功能强大的滤镜。下面将讲解利用 Camera Raw 滤镜调整图像的案例。

扫码观看视频

课堂练习——制作质感手表主图

【学习目标】学习 Camera Raw 滤镜的使用方法。

【知识要点】将图层变成智能图层，调色去掉偏色，使颜色平衡，提阴影，减杂色，最终效果如图 7－17 所示。

图 7－17　最终效果图

【效果图所在位置】配套素材\模块 7\课堂练习\最终效果\02 制作质感手表主图(效果).psd

1. 执行菜单【文件】→【打开】命令，打开“配套素材\模块 7\课堂练习\原始素材\02 制作质感手表主图\01 素材.jpg”，如图 7－18 所示。打开“图层面板”，右键点击素材所在图层“背景”，在弹出的菜单中选择“转换为智能对象”，方便后期再次进行滤镜调整，如图 7－19 所示。

图 7－18　打开素材

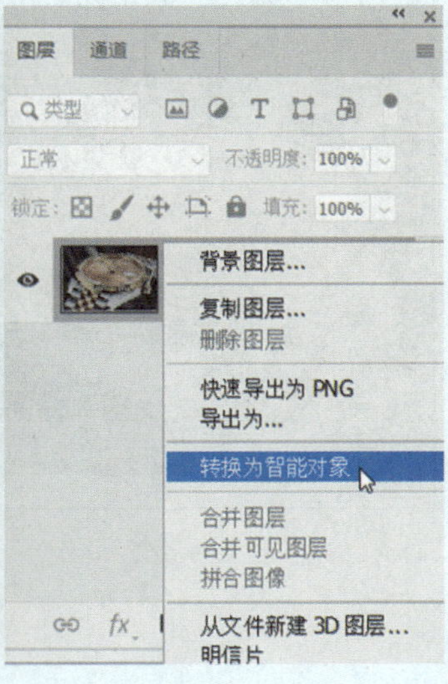

图 7－19　转换为智能对象

2. 点击菜单栏中的【滤镜】→【Camera Raw 滤镜】，在弹出的对话框中点击“HSL 调整”按钮，在“色相”选项卡中适当增加橙色与黄色数值，在“饱和度”选项卡中适当降低橙色与黄色数值，在“明亮度”选项卡中适当降低橙色与黄色数值，参数如图 7－20 所示。调整后的效果如图 7－21 所示。

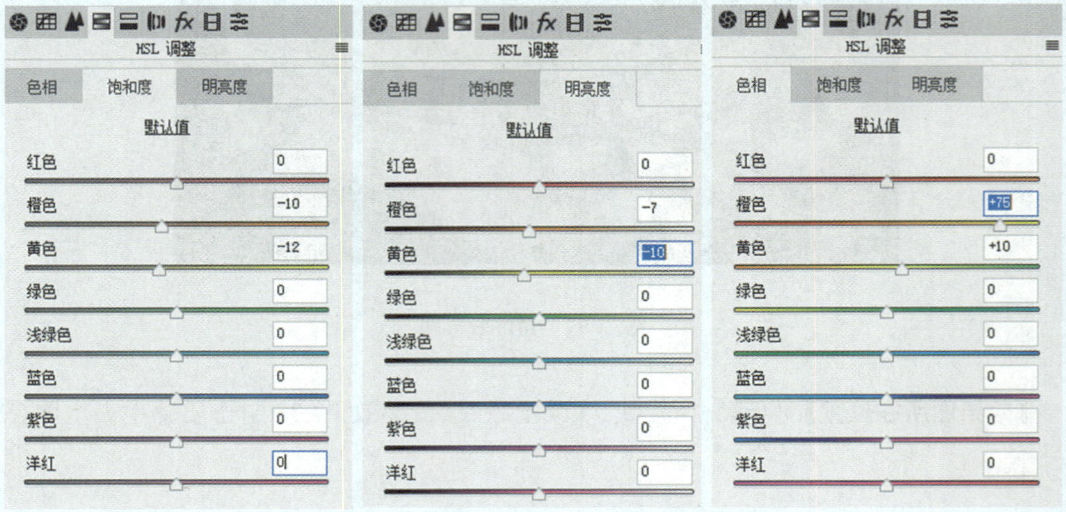

图 7－20　HSL 调整

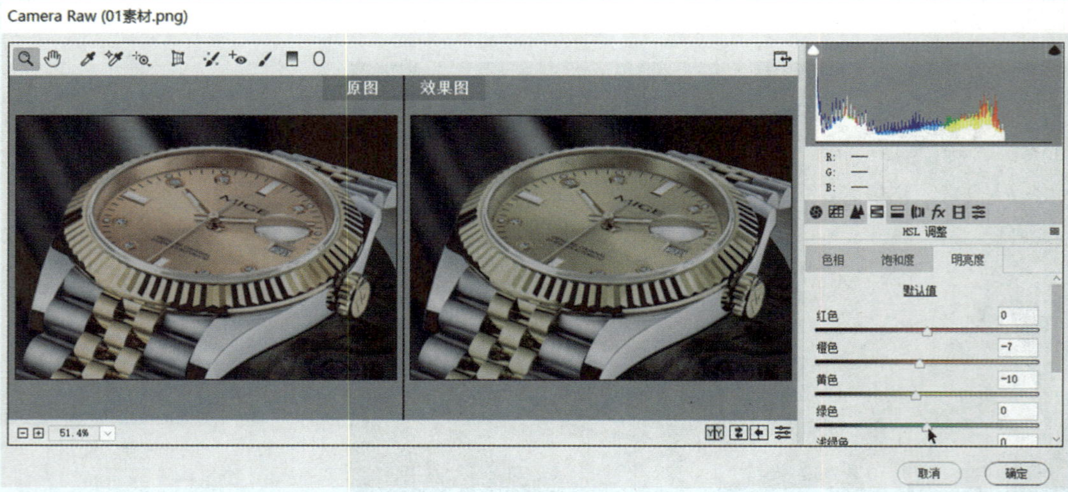

图 7－21　HSL 调整后的效果

3. 点击“基本”按钮，适当增加对比度、高光、清晰度和自然饱和度，适当降低阴影、黑色，调整画面暗部的阴影，提亮整体画面，调整画面的氛围。适当往黄色方向调整色温滑块，更好地体现金属质感。各参数如图 7－22 所示。

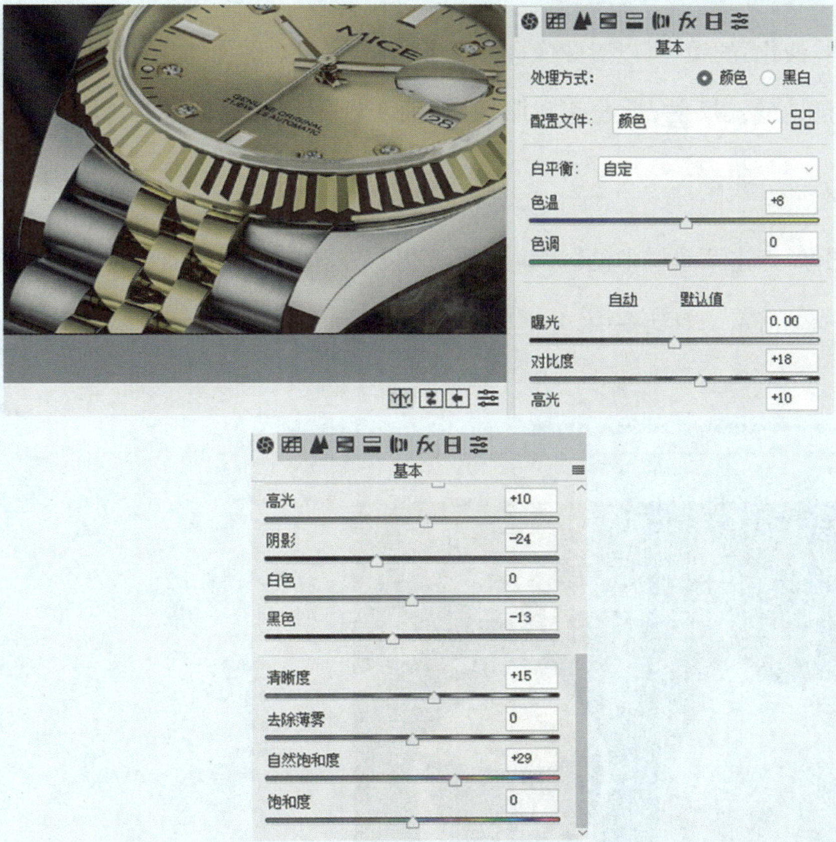

图 7－22　基本调整参数

4. 点击“细节”按钮，适当调整数量、半径、细节、蒙版、明亮度、明亮度细节。各参数如图 7－23 所示。点击“确定”按钮，即可完成最终效果图制作。

图 7－23　细节调整参数

7.1.4 液化滤镜应用

使用"液化"滤镜，可以对图像进行变形操作，可以对图像的任意区域进行推、拉、旋转、反射、折叠和膨胀等，从而实现图像部分区域的变形调整。

扫码观看视频

打开图像，点击菜单栏中的【滤镜】→【液化】，在弹出的对话框中可对图像进行液化处理，如图 7－24 所示。对话框中，各主要选项的作用如下。

图 7－24 "液化"滤镜对话框

向前变形工具：单击并拖动鼠标时可向前推动图像，使图像变形，如图 7－25 所示。

重建工具：在变形区域单击或拖动鼠标进行涂抹，可以使变形区域的图像恢复至原始状态。

顺时针旋转扭曲工具：单击并拖动鼠标，可对笔画区域的像素进行顺时针旋转，使图像产生旋转扭曲的效果。按住【Alt】键拖动时呈逆时针旋转像素。

褶皱工具：按住或拖动鼠标时，图像向画笔区域的中心移动像素，使图像产生褶皱效果，如图 7－26 所示。

膨胀工具：按住或拖动鼠标时，图像以画笔区域的中心向外移动像素，使图像产生膨胀效果，如图 7－27 所示。

图 7－25　向前变形效果

图 7－26　褶皱效果

图 7－27　膨胀效果

左推工具：按住并拖动鼠标向左移动时，像素会向下移动；鼠标向右移动时，像素会向上移动；鼠标向上移动时，像素会向左移动；鼠标向下移动时，像素会向右移动。

冻结蒙板工具和解冻蒙板工具：用于保护和解除不需要进行液化的区域。操作时，点击相应按钮，直接在图像上涂抹即可。

脸部工具：软件自动识别图像中的人脸。

7.1.5　消失点滤镜应用

消失点滤镜用于在编辑包含透视平面的图像时保留正确的透视。在网店美工设计中，消失点滤镜一般用于精确变换平面，消除多余图像，进行空间平面的变换以及进行复杂图形的贴图等场景。

点击菜单栏中的【滤镜】→【消失点】命令，即可在弹出对话框中进行消失点滤镜的调整，如图 7－28 所示。

图 7－28　消失点滤镜对话框

“消失点”滤镜对话框中，各主要选项的作用如下。

编辑平面工具：用于选择、编辑、移动平面或调整平面的大小。

创建平面工具：用于定义透视网格，单击图像的四个角可创建编辑平面，如图 7－29 所示。按住【Ctrl】键，从现有平面的伸展点拖动鼠标即可创建垂直平面，如图 7－30 所示。

图 7－29　创建编辑平面

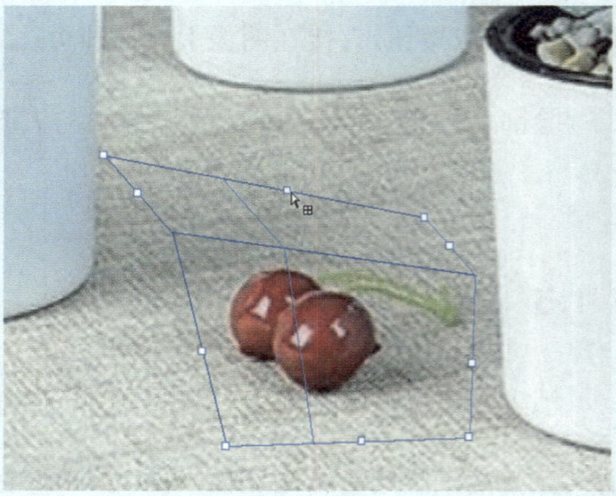

图 7－30　创建垂直平面

选框工具⬚：用于在创建的平面中创建形状一致的选区，按住【Alt】键拖动选区可以复制选区内图像，如图 7－31 所示。按住【Ctrl】键移动选区可以用源图像填充选区内图像，如图 7－32 所示。

图 7－31　移动复制选区图像

图 7－32　移动填充选区内图像

仿制图章工具：与工具箱中的仿制图章工具使用方法一致，按住【Alt】键在创建的平面中取样，拖动鼠标进行仿制。

7.2　滤镜的综合应用

在 Photoshop 中，多种滤镜可以组合使用，也可以重复使用单个滤镜，从而使图像产生特殊的效果。

扫码观看视频

7.2.1　像素化与模糊的综合应用

下面将讲解通过组合使用“像素化”滤镜和“模糊”滤镜制作下雨效果的案例。

在制作下雨效果案例前，需要先了解“像素化”滤镜中“点状化”的作用以及“模糊”滤镜中的“动感模糊”的原理或作用。

点状化：将图像中的颜色分解为随机分布的网点，如同点状化绘画一样。

动感模糊：使被模糊的部分产生高速运动的效果。

课堂练习——制作下雨效果主图

【学习目标】学习阈值、动感模糊滤镜和点状化滤镜的使用方法。

【知识要点】新建图层，填充白色，执行点状化滤镜，使用阈值命令，使用动感模糊滤镜，最终效果如图 7－33 所示。

图 7－33　最终效果图

【效果图所在位置】配套素材\模块 7\课堂练习\最终效果\03 制作下雨效果主图(效果).psd

1. 在 Photoshop 软件中，按快捷键【Ctrl＋O】，打开“配套素材\模块 7\课堂练习\原始素材\03 制作下雨效果主图\01 素材.png”，如图 7－34 所示。选择“图层面板”，点击面板下方的“创建新图层”按钮，新建“图层 1”，设置前景色为白色(＃ffffff)，利用快捷键【Alt＋Delete】为“图层 1”填充前景色，如图 7－35 所示。

图 7－34　打开素材

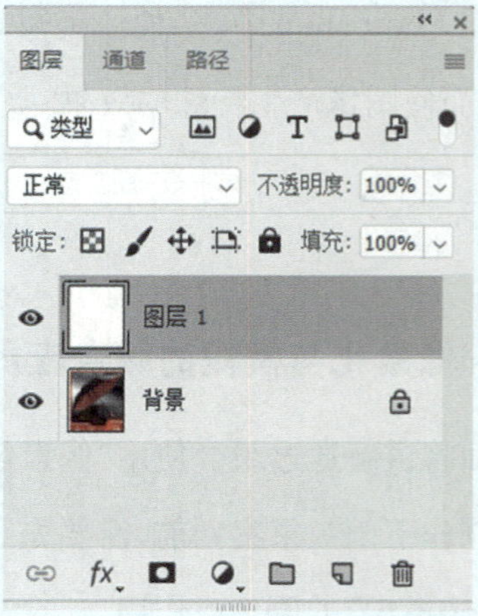

图 7－35　新建图层并填充白色

2. 点击菜单栏中的【滤镜】→【像素化】→【点状化】命令，在弹出的对话框中设置“单元格大小”为4，如图7-36所示。按快捷键【Alt＋Ctrl＋F】重复使用“点状化”滤镜，效果如图7-37所示。

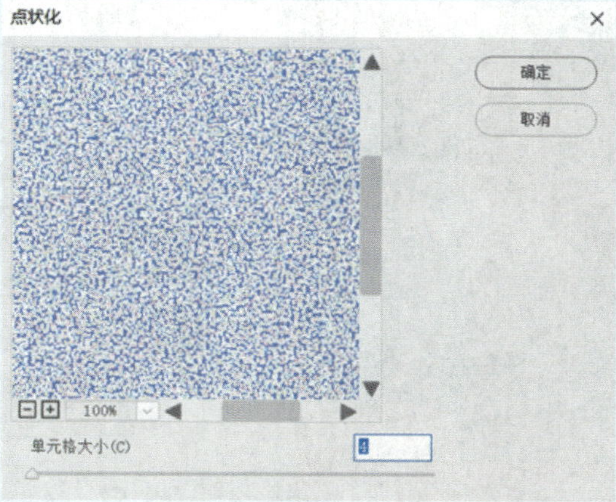

图7-36　点状化参数设置

图7-37　重复滤镜效果

3. 点击菜单栏中的【图像】→【调整】→【阈值】命令，在弹出的阈值对话框中设置“阈值色阶”为255，点击“确定”按钮，得到的效果如图7-38所示。

图7-38　设置“阈值”参数

4. 选择“图层 1”，在“图层面板”中设置图层混合模式为“滤色”，不透明度 100%，填充 100%，效果如图 7－39 所示。

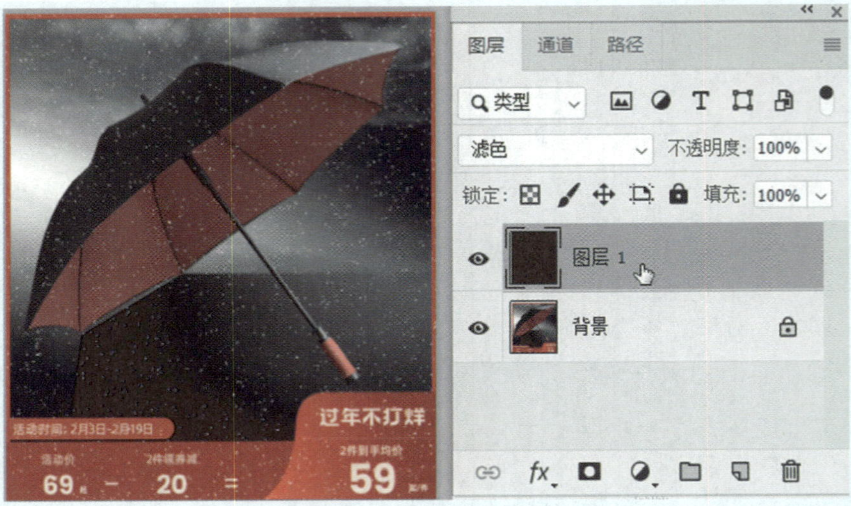

图 7－39　设置图层混合模式

5. 点击菜单栏中的【滤镜】→【模糊】→【动感模糊】，在弹出的对话框中设置“角度”为－55 度，“距离”为 30 像素，点击“确定”按钮，效果如图 7－40 所示。

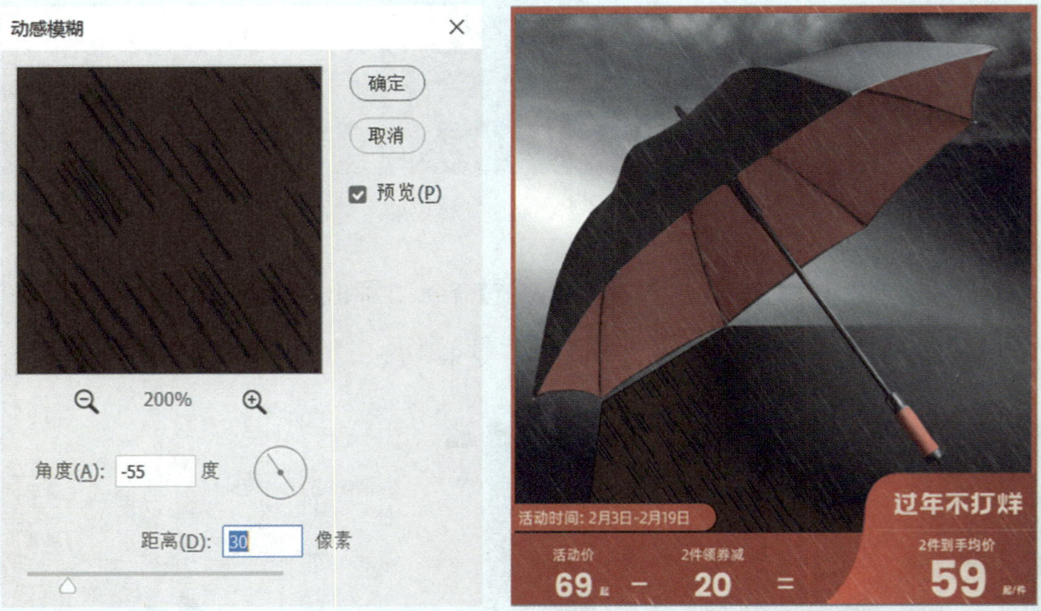

图 7－40　设置动感模糊滤镜

6. 点击“图层面板”下方的“添加图层蒙版”按钮 ，调置前景色为黑色（＃000000），选择蒙板，点击“画笔工具” 在图像边缘的红色位置涂抹，隐藏红色区域的下雨效果，即可完成最终效果图的制作，如图 7－41 所示。

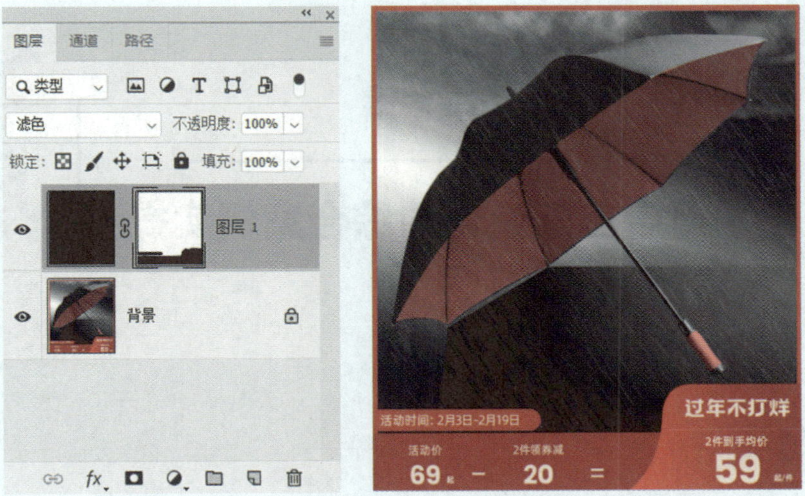

图 7－41　添加图层蒙版

7.3　课后练习——制作耳机主图背景

【知识要点】新建黑色图层，转换为智能图层，执行“镜头光晕”滤镜，左右分别两次“风”滤镜，“旋转扭曲”滤镜，更改图层混合样式为“滤色”，最终完成效果图制作。

【素材所在位置】配套素材\模块 7\课后练习\原始素材\01 制作耳机主图背景。

【效果图所在位置】配套素材\模块 7\课后练习\最终效果\01 制作耳机主图背景(效果).psd，如图 7－42 所示。

图 7－42　最终效果图

模块8

网店美工设计的综合案例实操

模块介绍

本模块主要介绍网店美工设计的综合案例实操。网店美工设计，主要就是设计网店商品的主图、推广图、详情页；进行店铺装修素材制作，如店标设计、店招设计、Banner海报图设计制作等。无论哪种素材的设计，都要考虑产品的定位、店铺的风格等，突出产品的卖点或店铺的特色。本模块将介绍网店美工中主图和详情页的设计制作思路，并且通过案例进行演示。通过本模块的学习，读者可以掌握网店美工设计中主图和详情页的制作思路，能够评判好的产品主图及详情页，并能够设计制作。

学习目标

知识目标

- 了解主图和详情页的重要性；
- 掌握主图和详情页设计的原理。

技能目标

- 掌握制作产品主图的方法；
- 掌握制作产品详情页的方法。

素养目标

- 树立美学意识；
- 树立精益求精的工匠精神；
- 树立团队合作意识。

8.1　网店商品主图和详情页设计的重要性

8.1.1　基于购物流程的运营思路

有过电商平台购物经历的都知道，一般的网上购物流程是：搜索需要购买商品的关键词，在搜索结果页点击意向的商品主图缩略图，进入详情页看查商品介绍，查看评价，最后确认是否下单。简单来说，消费者网上购物的流程就是“搜索→点击→挑选→下单”的一个过程。

扫码观看视频

对于商家来说，体现的运营思路就是商品标题在一定程度上决定消费者能不能看到该商品，主图在一定程度上决定消费者是否点击该商品，详情页在一定程度上决定消费者是否购买该商品。简单来说，商家的运营思路就是“看到我→点击我→进我店→购买我”。

因此，在网店商品设计制作中，主图和详情页的设计制作尤为重要。好的商品主图直接决定了 UV(访客数)；好的商品详情页直接决定了商品的支付转化率。根据电商运营的原理：销售额＝访客数×转化率×客单价，如图 8－1 所示，可以看出主图和详情页直接影响商品或店铺的销售额。

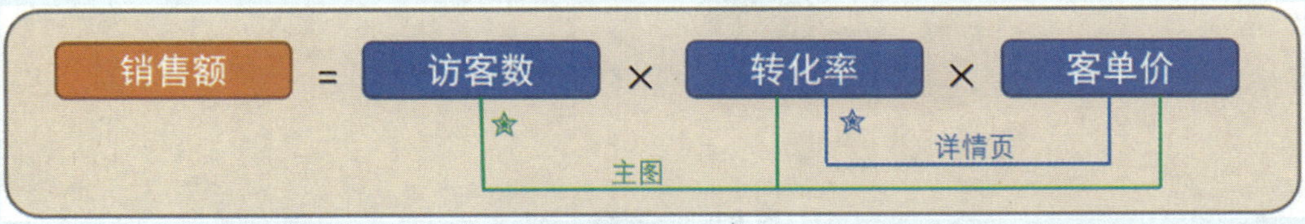

图 8－1　电商运营原理公式

那商品的主图和详情页如何来设计呢？下面将讲解商品主图和商品详情页的设计思路。

8.1.2 主图设计的思路

商品主图指位于商品详情页左侧上部的图片，一般电商平台可以传 5 张及以上的商品主图，如图8 -2 所示。

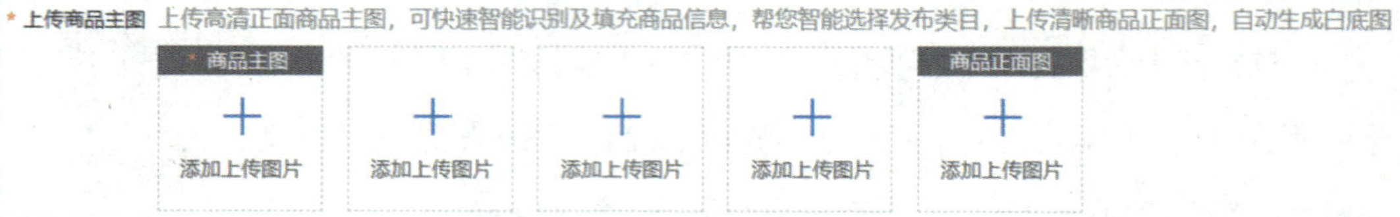

图 8 - 2　上传商品主图

主图上传后，会在商品详情页的左上方进行展示，如图 8 - 3 所示。主图有广义和狭义之分，广义来说，上传的多张图片都可称为商品主图，第一张称为首图；狭义来说，商品的第一张图片称为主图，其余图片称为辅图。而输入关键词搜索时，展现在搜索结果页的图片称为首图缩略图或主图缩略图，如图 8 - 4 所示。

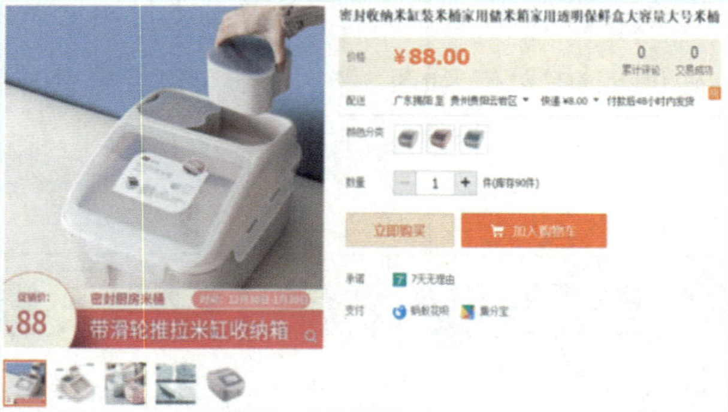

图 8 - 3　商品主图

图 8 - 4　主图缩略图

那么，主图的设计制作思路是什么呢？应该注意以下几点。

①了解规则，避免违规

设计制作主图前，要充分了解电商平台关于商品主图发布的规则和限制，在设计制作时，不要出现违规的文案（如图 8－5 所示），也不要出现主图“牛皮癣”（如图 8－6 所示）。

图 8－5　违规极限词

图 8－6　主图“牛皮癣”

②展示亮点，突出卖点

第一张主图直接决定了商品的点击率。因此第一张主图要提炼出商品的卖点、亮点或优惠促销信息，搭配精简的与背景风格相符的营销文案，吸引消费者眼球，给消费者视觉冲击，促使消费者点击，如图 8－7 所示。

图 8－7　突出卖点

③主体清晰，主次分明

在设计制作主图的过程中，要注意主图与背景的层次感，以及主体与周围摆件的摆放。此外，也要注意配色，避免主图凌乱或忽略主体本身，如图 8－8 所示。

图 8－8　主体清晰

④合理组合，注意逻辑

在设计制作主图的过程中，要注重多张主图的整体组合，主图之间要有联系，各有重点，同时又围绕一个主题。比如水果主图，怎么组合水果的截图、生长环境、生长过程、外观、细节等。

⑤注重场景，符合审美

不同的产品有不同的目标群体，在设计制作主图时，要抓住目标群体的需求和审美。注重主图的场景化，突出与目标群体的关联，解决目标群体的痛点，主图的背景、风格要与产品相契合，与目标群体切合，如图 8－9 所示。

图 8－9　主图场景化

⑥其他注意事项

白底图：根据平台规则设计主图白底图，比如将淘宝店的第5张主图或天猫的第2张主图设计为白底图，可能增加手机淘宝首页曝光的机会。

主图的设计制作不是一次就能确定的，在设计的过程中往往需要通过主图的测试，得到数据反馈，再慢慢设计调整。

8.1.3　详情页设计的思路

商品的详情页，就是买家点击首图缩略图或商品链接进入后，展示商品规格、细节、功能等属性信息的页面。详情页一般会用图片、文案、视频或音频的形式来展现商品的特性或卖点，如图8－10所示。

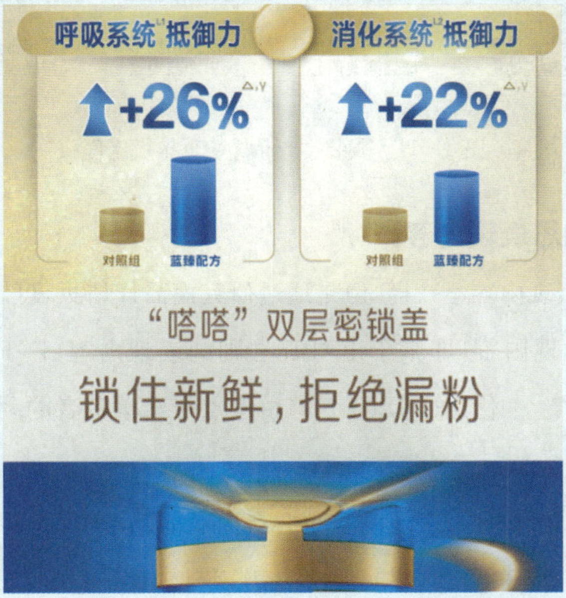

图8－10　部分详情页面截图示例

好的商品详情页，既能够延长买家在店内的停留时长，从而影响店铺的展现权重；也能让买家获得良好的购物体验，有助于增强买家的购买信心，消除买家的购买疑虑，促进买家下单购买，提升店铺或商品的转化率或客单价，从而提升店铺的销售收入。

那么，详情页的设计思路是什么样的呢？

①依据商品特性，突出不同表现

不同商品详情页的设计制作思路不尽相同，客户所关注的点也不一样。比如服装类商品，买家更多关注细节图、产品图和模特图；婴幼儿产品及食品类，买家更多关注商品的生产日期、功效、安全性、环保性等；对于初级农产品，买家更多关注产品的生长环境、生产过程、产地等。

②基于消费心理，构思排版逻辑

详情页中商品细节图、促销图、权威认证图片等的排版，不是随意排序的。一般来说，买家的购物心理，会经历好奇、兴趣、怀疑、纠结、信任等环节，因此，在设计详情页面的时候，也要基于消费心理进行设计，迎合消费者，提升转化率。例如，服装类产品，排版的顺序一般为：店铺促销活动、产品模特图、产品图、产品细节图、产品尺码描述、相关推荐或其他说明，如图 8－11 所示。

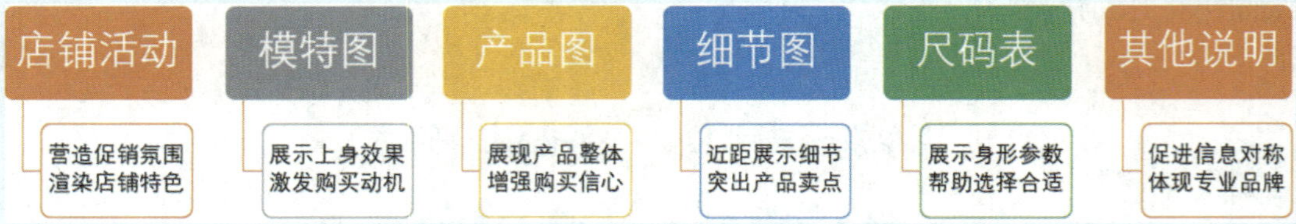

图 8－11　服装类产品详情页排版流程

③基于逻辑，构思表现内容

虽说不同的商品表现内容不一样，但是通过研究商品详情页，可以发现，在商品详情页中，都有一些共性的表现内容，即基于 FABE 法则的表现内容：F（Features）基本特征、A（Advantages）由特征产生的优点、B（Benefits）由优点带给消费者的利益、E（Evidence）证据说明。

一般来说，在商品详情页中，表现内容主要有商品的基本特征、打消疑虑的承诺或权威的认证证书、突出商品卖点的价值包装、促销信息、其他说明信息等，如图 8－12 所示。

图 8－12　商品详情页的表现内容

8.2　网店商品主图设计制作

进行网店商品主图设计制作前，需要知道主图的尺寸和大小。

扫码观看视频

首先，主图宽高一般为 1∶1 或 3∶4 的比例设计，移动端建议选择 3∶4，符合移动终端屏幕。1∶1 比例的主图尺寸一般设计为 800 像素＊800 像素，3∶4 比例的一般为 750 像素＊1000 像素，分辨率一般为 72 像素/英寸。当然，也要根据平台设计规范进行设计。

其次，主图设计的文件不要过大，过大会影响加载速度，错失展现机会，主图尽量不要超过 500KB。

下面基于商品主图的设计制作思路，讲解水果商品的主图设计制作过程。

8.2.1　课堂练习——设计制作水果主图

【学习目标】学习抠图、图层、渐变、文字、钢笔、形状等工具的使用方法。

【知识要点】新建文件，新建图层，移动和填充图层，用形状工具或钢笔工具绘制形状，添加渐变效果或填充颜色，添加文案，进行文案设计，最终效果如图 8－13 所示。

图 8－13　最终效果图

【效果图所在位置】配套素材\模块 8\课堂练习\最终效果\01 设计制作水果主图(效

果).psd

1. 打开 Photoshop 软件,按快捷键【Ctrl+N】新建文档,在弹出的对话框中设置名称为“设计制作水果主图”,宽度和高度均为 800 像素,分辨率为 72 像素/英寸,颜色模式为 RGB 模式,背景内容为白色,点击“创建”即可完成文档创建,如图 8－14 所示。设置前景色值为“#289375”,按快捷键【Alt+Delete】填充前景色,如图 8－15 所示。

图 8－14　新建文档

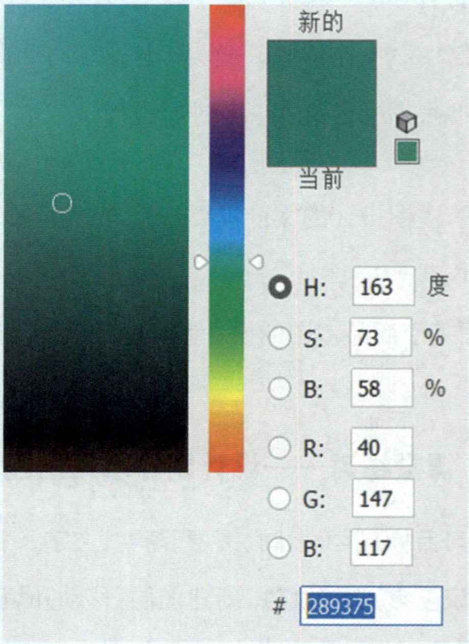

图 8－15　设置并填充前景色

2. 选择“矩形工具”命令,在工具属性栏中设置模式为“形状”,填充色值为“#dcfef5”,描边为“无颜色”,宽(W)为 780 像素,高(H)为 670 像素,如图 8－16 所示。在图像中点击创建矩形形状,利用“移动工具”将矩形移动到合适位置,如图 8－17 所示。

图 8－16　矩形工具属性栏设置

图 8－17　创建并移动矩形

3. 选择“圆角矩形工具”，在工具属性栏中设置模式为“形状”，并在图像中点击，在弹出的“创建圆角矩形”对话框中设置宽度为 622 像素，高度为 74 像素，半径均为 35 像素，如图 8－18 所示。点击“确定”按钮，在弹出的“属性”对话框中设置填充色为 ＃127759，描边为“无颜色”，利用“移动工具”将圆角矩形移动到合适位置，如图 8－19所示。

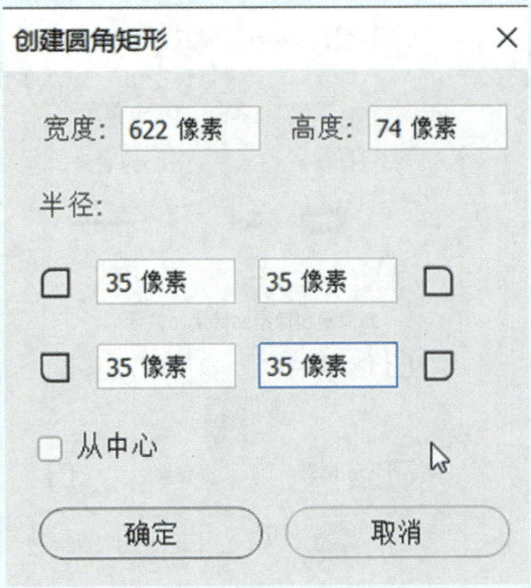

图 8－18　设置圆角矩形参数

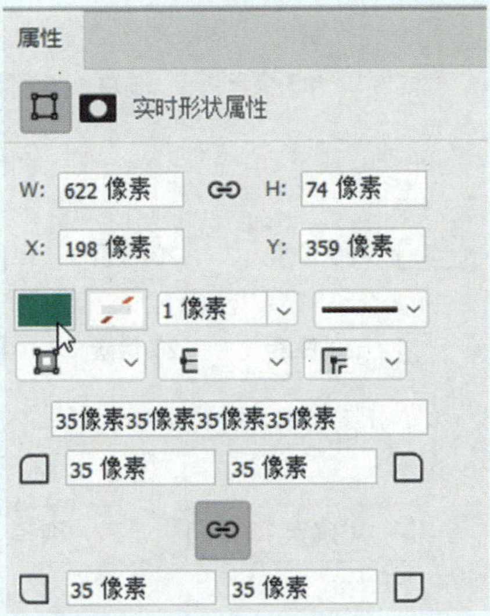

图 8－19　移动圆角矩形

4. 选择“图层面板”中的“圆角矩形形状 1”，点击面板下方的“添加图层样式”按钮 fx ，在弹出的菜单中选择“内阴影”，设置相关参数，如图 8－20 所示。点击“确定”，完成内阴影效果制作，如图 8－21 所示。

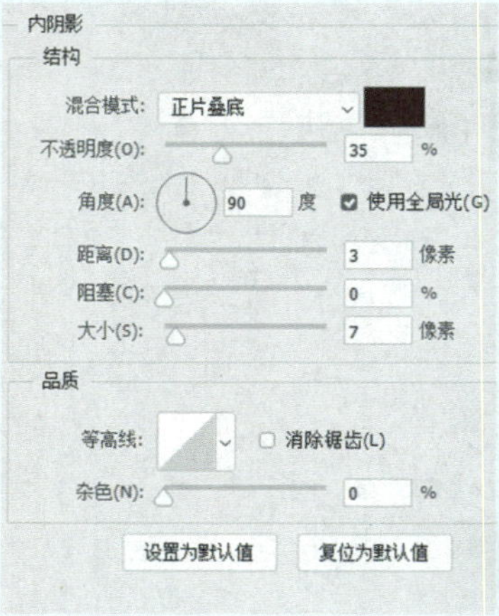

图 8－20 设置内阴影参数

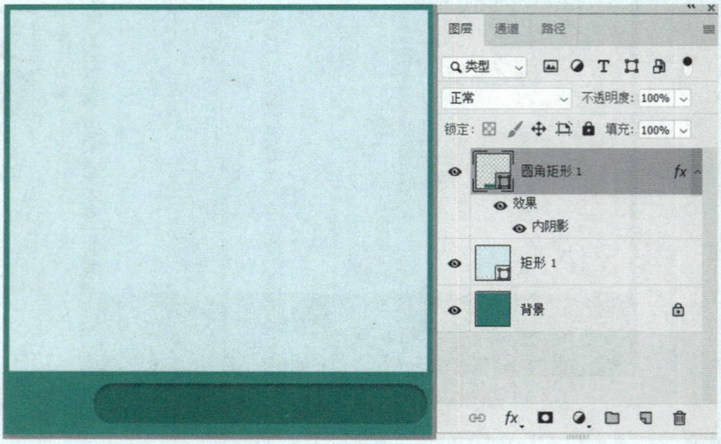

图 8－21 内阴影效果

5. 使用“圆角矩形工具”，在图像中点击，弹出“属性”对话框，设置填充色为＃ffffff，描边线型为实线，描边颜色为＃0d7657，宽度为 488 像素，高度为 50 像素，半径为 20 像素，参数如图 8－22 所示，绘制圆角矩形效果，如图 8－23 所示。

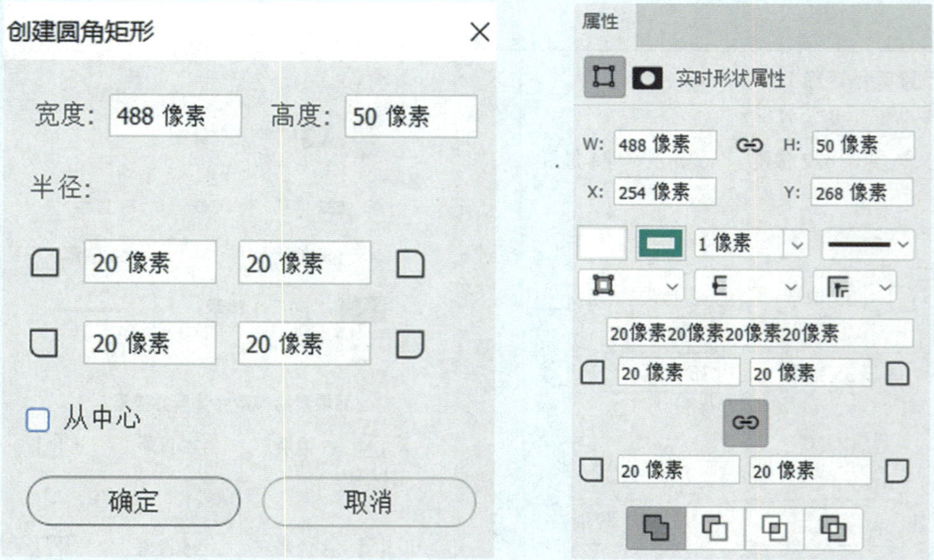

图 8－22 设置圆角矩形参数

图 8－23　圆角矩形效果

6. 新建图层，利用“钢笔工具”，在属性栏中设置模式为“形状”，填充为渐变色＃f45d2e 至＃f1c969，角度为 45 度，如图 8－24 所示，在图像中绘制如图 8－25 的形状。

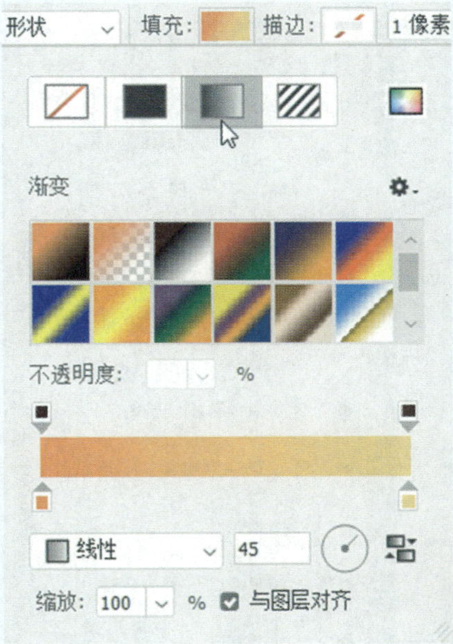

图 8－24　设置钢笔工具参数

图 8－25　效果

7. 使用“圆角矩形工具”，在图像中点击，弹出对话框，设置填充色为＃279274，描边线型为实线，描边颜色为＃024119，宽度为 380 像素，高度为 160 像素，半径为 80 像素，参数如图 8－26所示。绘制圆角矩形，并利用“移动工具”将圆角矩形的上半部分移出画布，效果如图 8－27 所示。

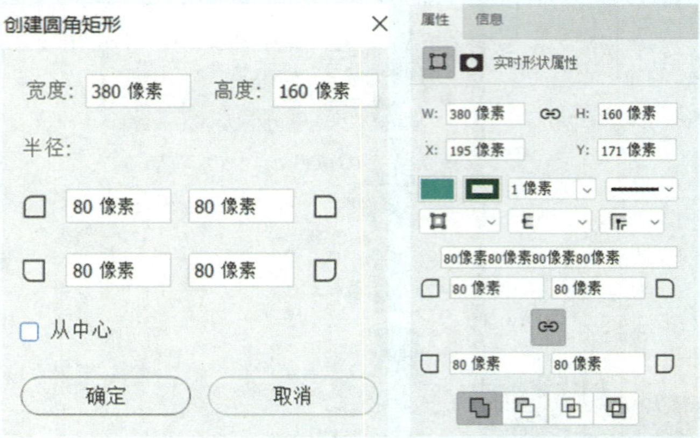

图 8－26　设置圆角矩形参数

图 8－27　效果

8. 点击“横排文字工具”，设置合适的字体、颜色和大小，在图像中输入相应的文字，为“活动价：￥5.99”。添加图层样式“描边”，描边颜色为＃f45d2e，大小为 2 像素，效果如图 8－28所示。

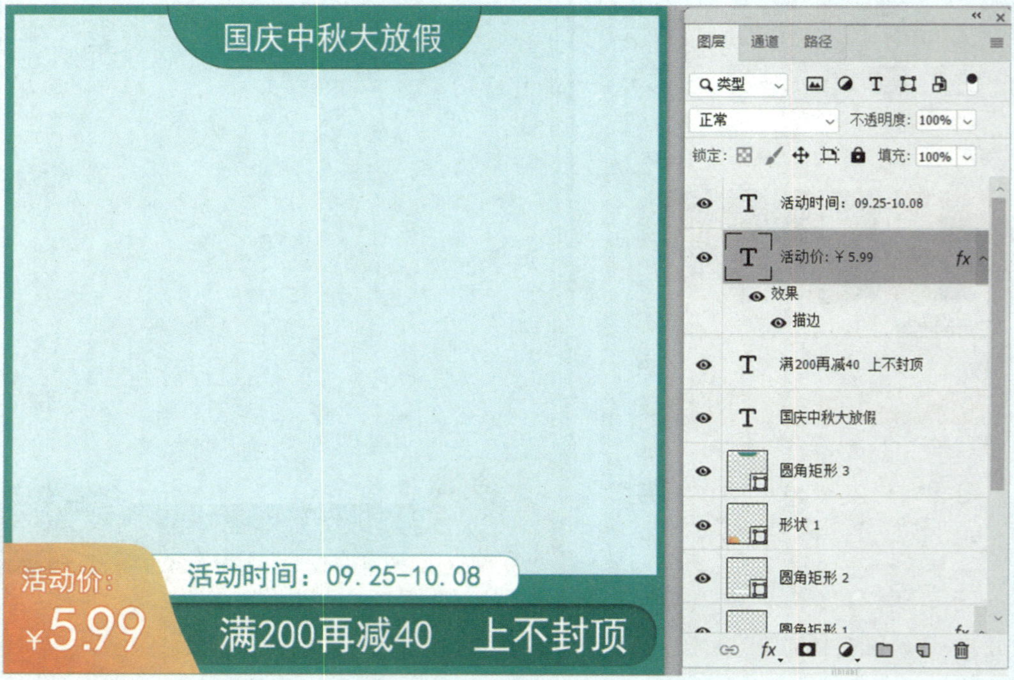

图 8－28　添加文字及设置文字样式

9. 点击菜单栏中的【文件】→【打开】命令，打开“配套素材\模块 8\课堂练习\原始素材\01 设计制作水果主图\01 素材.jpg”，选择“魔棒工具”，点击白色背景，按快捷键【Ctrl+Shift+I】反选选区，如图 8－29 所示。利用“移动工具”将选区内图像移至上述制作完的背景中，效果如图 8－30 所示。

图 8－29　反选选区

图 8－30　移动到背景

10. 点击“直排文字工具”，设置合适的字体、颜色和大小，在图像中输入相应的文字。点击图层面板下方的“创建新图层按钮”，在“鲜”文字图层的下方创建新图层，按住【Shift】键利用“椭圆选区工具”绘制正圆，并为选区填充颜色 #f8513f，按快捷键【Ctrl+D】取消选区，即可完成最终效果的设计制作，如图 8－31 所示。

图 8－31　添加文字及填充选区

8.3 网店商品详情页设计制作

在商品详情页的设计中，高度一般控制在 10 000～15 000 像素，以“说清楚、道明白、突卖点”为原则设置高度。宽度一般为 750 像素或 790 像素。淘宝、京东平台详情页宽度一般为 750 像素，天猫平台详情页一般为 790 像素。分辨率一般为 72 像素/英寸。

扫码观看视频

8.3.1 课堂练习——设计制作水果详情页

【学习目标】学习滤镜、图层、渐变、蒙板、文字、钢笔、形状等工具的使用方法。

【知识要点】新建文件，新建图层，移动和填充图层，用形状工具或钢笔工具绘制形状，添加渐变效果或填充颜色，添加文案，进行文案设计，最终效果如图 8－32 所示。

图 8－32　最终效果图

【效果图所在位置】配套素材\模块 8\课堂练习\最终效果\02 设计制作水果详情页(效果). psd

1. 打开 Photoshop 软件，按快捷键【Ctrl＋N】新建文档，在弹出的对话框中设置名称为“设计制作水果详情页”，宽度为 790 像素，高度为 5000 像素，分辨率为 72 像素/英寸，颜色模式为 RGB 模式，背景内容为“白色”，点击“创建”即可完成文档创建，如图 8－33 所示。

2. 点击菜单栏中的【文件】→【置入嵌入对象】，选择“配套素材\模块 8\课堂练习\原始素材\02 设计制作水果详情页\01 素材.png”，图像将作为智能对象置入文档中，利用移动工具将对象移至合适位置，按回车键确认，如图 8－34 所示。

图 8－33　新建文档

图 8－34　置入 01 素材

3. 点击菜单栏中的【滤镜】→【模糊】→【高斯模糊】，在弹出的对话框中设置“半径”为 3.5 像素，效果如图 8－35 所示。

图 8－35　高斯模糊效果

4. 点击“钢笔工具”，在属性栏中选择“模式”为“形状”，“填充颜色”为＃276c01，“描边”为“无颜色”，如图 8－36 所示。在图像中绘制形状，如图 8－37 所示。点击“图层面板”下方的“添加图层样式”按钮 *fx*，选择“渐变叠加”，在弹出的对话框中设置渐变参数：“渐变色”为＃206001 至＃5cb609，“角度”为 90 度，如图 8－38 所示。完成设置后点击“确定”按钮，效果如图 8－39 所示。

图 8－36　钢笔工具属性栏设置

图 8－37　绘制形状

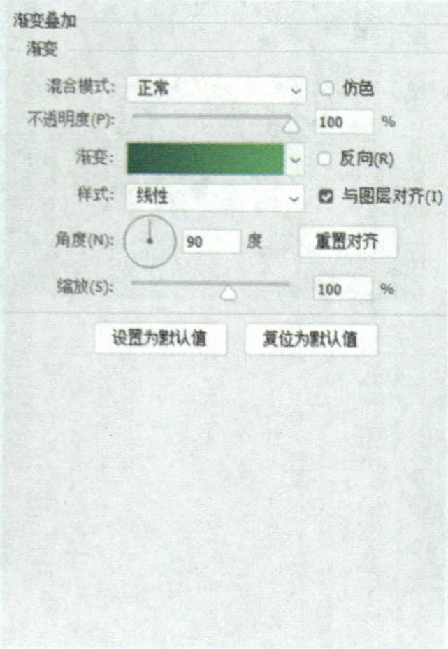

图 8－38　设置渐变参数

图 8－39　渐变叠加效果

5. 选择“横排文字工具”**T**，设置合适的文字大小，在图像中输入文字“爽脆青李”，点击图层下方的“添加图层样式”，选择“描边”和“渐变叠加”为文字添加样式并设置相关参数，参数如图 8－40 所示。完成设置后点击“确定”按钮，效果如图 8－41 所示。

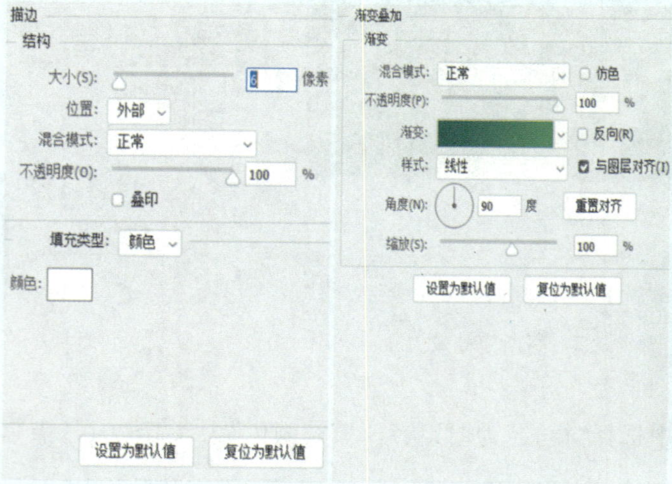

图 8－40　设置图层样式参数

图 8－41　效果

6. 使用“横排文字工具”在图像中输入文字“产地直发/新鲜营养/酸甜可口”，设置文字颜色为白色，并将文字调整至合适的大小。点击“圆角矩形工具”▢，在图像中拖动鼠标绘制圆角矩形，在弹出的属性对话框中设置“填充色”为＃2f7d07，“描边”为白色，“大小”为1像素，如图8-42所示。此时会生成形状图层，点击“图层面板”下方的“添加图层样式”按钮 fx，为该图层添加“内阴影”效果，设置颜色为＃143602，参数如图8-43所示，完成参数设置后点击“确定”按钮。然后将该形状图层拖到文字图层下方，如图8-44所示。最终效果如图8-45所示。

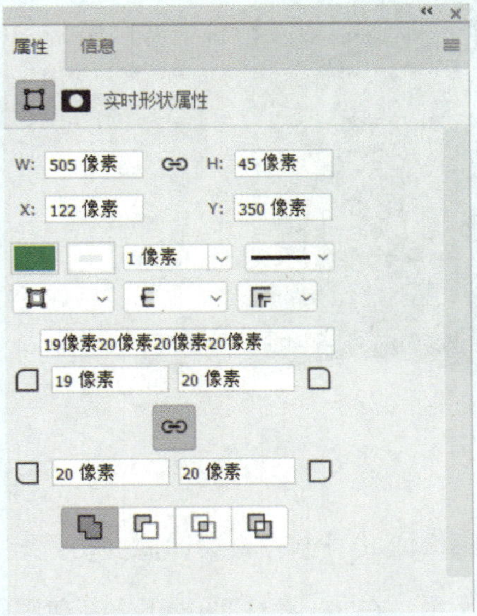

图8-42　设置圆角矩形参数

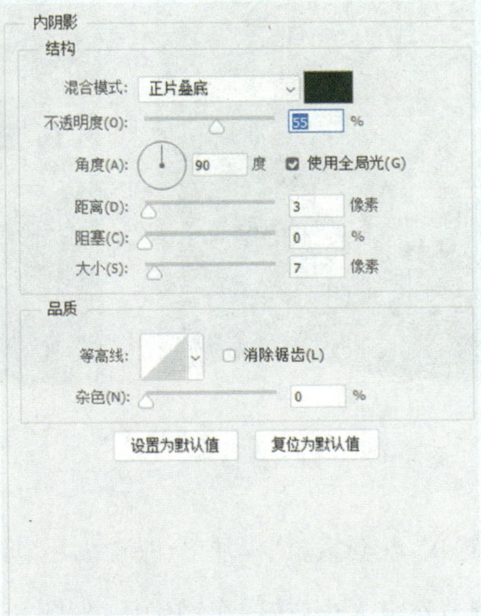

图8-43　设置内阴影参数

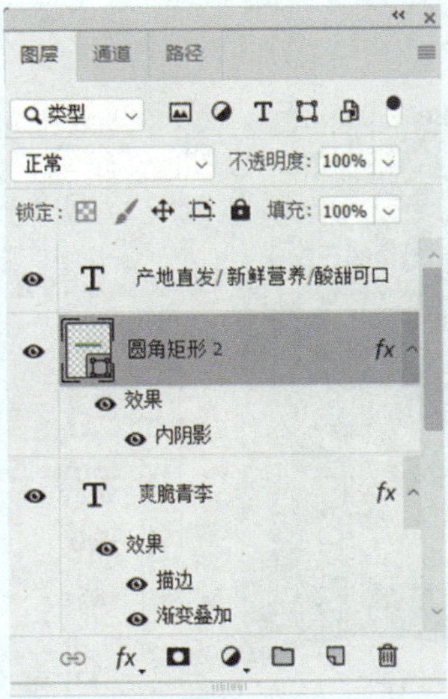

图8-44　设置图层样式参数

图8-45　效果

7. 通过菜单【文件】→【置入嵌入对象】，置入“配套素材\模块 8\课堂练习\原始素材\02 设计制作水果详情页\02 素材.png”图像，调整素材大小和角度，如图 8－46 所示，按回车键确认。按快捷键【Ctrl＋J】复制图层，选择复制的“02 素材拷贝”，按快捷键【Ctrl＋T】自由变换，点击鼠标右键选择“水平翻转”，按回车键确认，并用鼠标把素材移动到合适的位置，效果如图 8－47 所示。

图 8－46　置入素材

图 8－47　复制并变换图层

8. 置入“配套素材\模块 8\课堂练习\原始素材\02 设计制作水果详情页\03 素材.png”图像，调整素材大小，按回车键确认，如图 8－48 所示。在“03 素材”图层下方新建图层，点击“椭圆选框工具”◌，设置“羽化值”为 50 像素，“前景色”为黑色，在图中绘制椭圆选区，按快捷键【Ctrl＋D】取消选区，即产生阴影效果，如图 8－49 所示。

图 8－48　置入素材

图 8－49　制作阴影效果

9. 为了便于管理，将上述图层全部选中，按快捷键【Ctrl+G】将图层归组，生成“组 1”，点击“钢笔工具” ，选择“模式”为“形状”，在图中绘制如图 8-50 的形状，并拖到“组 1”下方，效果如图 8-51 所示。

图 8-50　绘制形状

图 8-51　移动图层

10. 置入“配套素材\模块 8\课堂练习\原始素材\02 设计制作水果详情页\04 素材.png”图像，调整素材大小，如图 8-52 所示，按回车键确认。点击鼠标右键，选择“创建剪贴蒙板”，如图 8－53 所示。

图 8－52　置入对象调整大小

图 8－53　创建剪贴蒙板

11. 点击“横排文字工具”T，调整文字大小，设置颜色为＃397604，在图像中输入“选择我们的理由”，点击“添加图层样式”为该文字图层添加“描边”效果，“大小”为 3 像素，“颜色”为白色，如图 8－54 所示。完成设置后点击“确定”按钮，效果如图 8－55 所示。

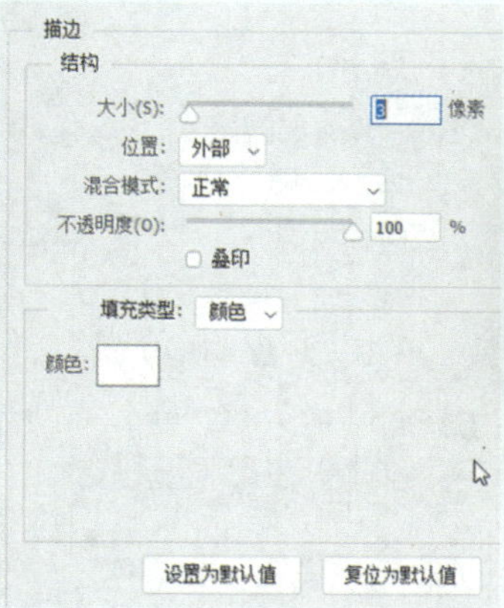

图 8－54　设置描边参数　　　　图 8－55　描边效果

12. 按住【Shift】键，利用“椭圆工具” 在图像中创建正圆形状，并按快捷键【Ctrl＋J】复制该形状，如图 8－56 所示。置入“配套素材\模块 8\课堂练习\原始素材\02 设计制作水果详情页\05 素材.png”图像，把图像调整至合适大小，将其作为剪贴蒙板创建到“椭圆 1”图层上。利用相同的方法置入“06 素材”和“07 素材”，为“椭圆 1 拷贝”和“椭圆 1 拷贝 2”图层创建剪贴蒙板，效果如图 8－57 所示。

图 8－56　绘制并复制形状　　　　图 8－57　创建剪贴蒙板

13. 点击“横排文字工具”T，设置文字颜色为＃1c4c04，调整文字至合适大小，在图像中输入相应的文字，如图 8－58 所示。为便于管理，选中未分组的图层，按快捷键【Ctrl＋G】，为图层分组，如图 8－59 所示。

图 8－58 输入文字

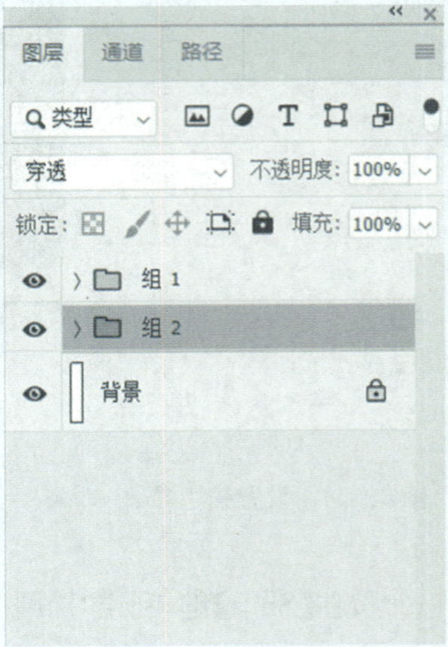

图 8－59 为图层分组

14. 点击“圆角矩形工具”，选择“模式”为“形状”，在图像中按住鼠标并拖动绘制形状，在弹出的对话框中设置颜色为＃2f7d07，宽为 460 像素，高为 88 像素，半径为 30 像素，如图 8－60 所示。为该图层添加图层样式“内阴影”，“大小”为 3 像素。点击“横排文字工具”按钮，在图像中输入文字，并调整文字大小及颜色，移动文字到该形状图层上，如图 8－61 所示。

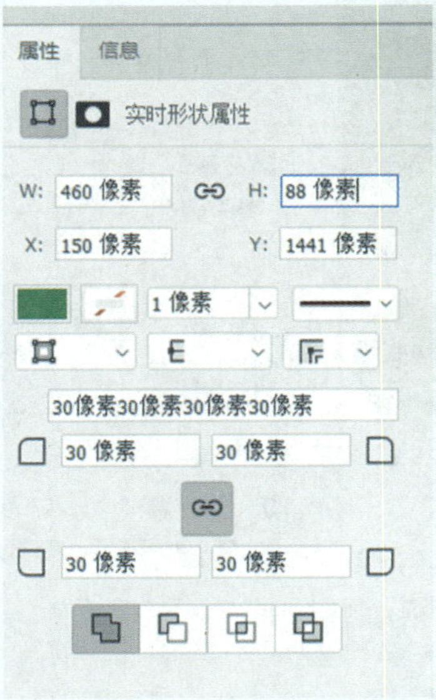

图 8－60 圆角矩形参数

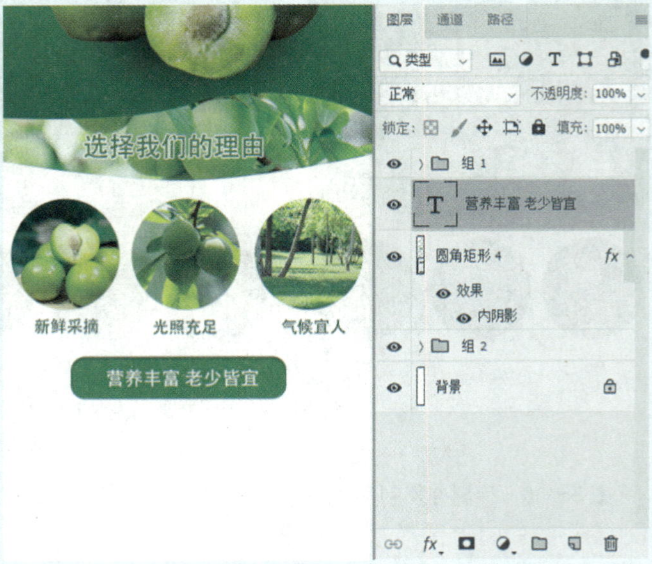

图 8－61 输入文字

15. 选择“椭圆工具”，在属性栏中设置模式为形状，填充为无颜色，描边为黑色，大小为 1 像素，线型为虚线，如图 8－62 所示。按住【Shift】键可在图像中绘制正圆形状。

图 8－62　椭圆工具参数

16. 新建图层，选择“椭圆选框工具”，设置前景色为＃d0dcc9，按住快捷键【Alt＋Shift】，把鼠标放到绘制的形状中央，拖动鼠标从中心向四周绘制正圆选区，按快捷键【Alt＋Delete】填充前景色。点击“横排文字工具”T 在图像中输入文字，按快捷键【Ctrl＋T】调整文字大小并旋转到合适位置，如图 8－63 所示。选中“图层 2”和“椭圆 2”，按快捷键【Ctrl＋J】，复制这两个图层并通过“自由变换”命令放大，然后输入相应的文字，如图 8－64 所示。

图 8－63　绘制形状

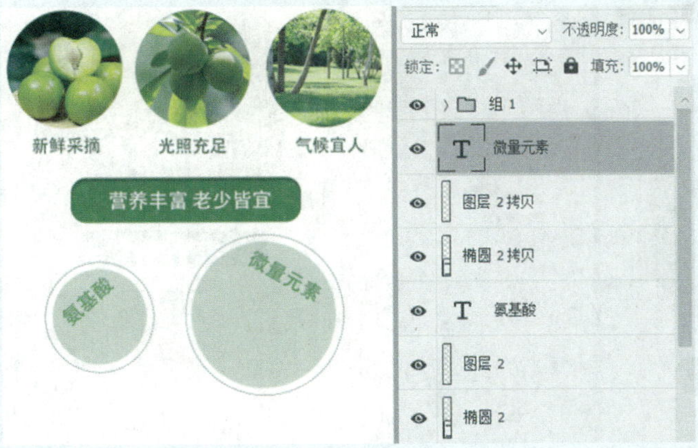

图 8－64　复制形状

17. 置入“配套素材\模块 8\课堂练习\原始素材\02 设计制作水果详情页\08 素材.png”图像，调整素材大小，按回车键确认，如图 8－65 所示。在“08 素材”图层下方新建图层，点击“椭圆选框工具”◌，设置“羽化值”为 50 像素，“前景色”为黑色，在图中绘制椭圆选区，按快捷键【Alt＋Delete】填充前景色，按快捷键【Ctrl＋D】取消选区，即可产生阴影效果，如图 8－66 所示。

图 8－65　置入素材

图 8－66　阴影效果

18. 为便于管理，选择未分组的图层，按快捷键【Ctrl＋G】将未分组图层进行分组。选择“圆角矩形 4”图层，按快捷键【Ctrl＋J】复制该图层，并移动到合适位置，输入相应的文字，如图 8－67 所示。通过菜单【文件】→【置入嵌入对象】命令置入“配套素材\模块 8\课堂练习\原始素材\02 设计制作水果详情页\09 素材.png”图像，调整图像至合适的大小，按回车键确认，如图 8－68 所示。

图 8－67　复制形状并输入文字

图 8－68　置入素材

19. 点击工具箱中的“裁剪工具”，将下面空白的画布裁剪掉，如图 8－69 所示。点击“切片工具”，按住鼠标左键对图像进行切片，如图 8－70 所示。

图 8－69　裁剪画布

图 8－70　图像切片

20. 点击菜单栏中的【文件】→【导出】→【储存为 Web 所用格式】，在弹出的对话框中设置图像格式为 PNG 或 JPEG，如图 8－71 所示。点击“存储”，在弹出的“保存”对话框中，设置“格式”为“仅限图像”，保存后即可在保存的位置生成名为“images”的文件夹，文件夹存放的图片就是切片后的局部图，如图 8－72 所示。上传详情页图片时，将该切片图按序上传，即可组成完整的详情页。

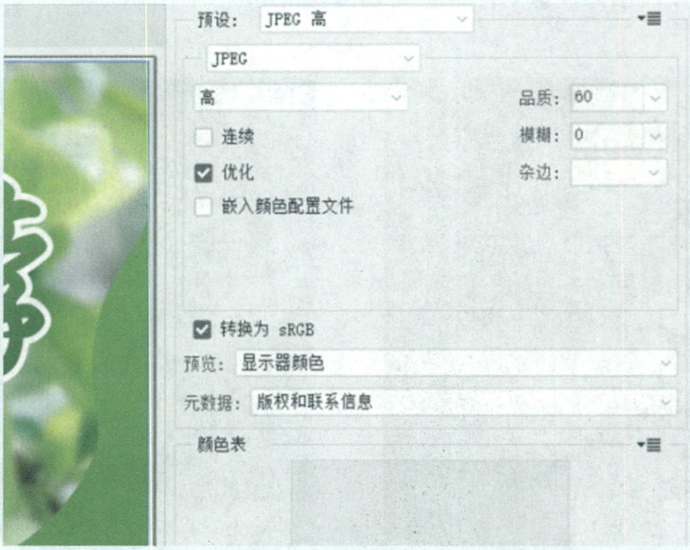

图 8－71　设置对话框参数

图 8－72　切片后的图像

8.4　课后练习——制作商品主图及详情页

【知识要点】新建文件，新建图层，移动和填充图层，添加蒙板效果，添加文案，进行文案设计等，最终完成主图和详情页的设计制作。

【素材】素材及商品图片自行收集。

【效果图】基于主图和详情页的设计思路和制作要点，自行设计制作效果图。